# 夏韻芬富樂中年學

## 找個理由來退休

夏韻芬 著

推薦序

# 人生自在就好

陶傳正

要一個已經退休多年的人來為這本書寫序，本身就是一件殘忍的事。

因為我已經來不及找理由了！

換一個方式好了，如果我還沒退休……我要退休的時候是否要找一個理由？

可是……我又覺得我永遠不會退休……

因為我到現在還沒搞清楚什麼叫退休……

退休是不是就是說你在一個工作崗位上做了一輩子，然後覺得已經可以不再做了！這就叫做退休？

可是我現在雖說已不正規上下班，但是還是有事可做，而且也還有收入……這算不算是退休呢？

我有些朋友常常說，早點退休吧！我問他們，「你們退休以後，要幹什麼？」他們說，「退休以後，就可以好好打麻將，好好打高爾夫球了！」

那你們現在沒有打麻將，打高爾夫球嗎？

我糊塗了……真的不知道要怎麼下筆。可是作者是我的好朋友夏韻芬……不寫的話，她可能心裡會想，「你這老小子！給你面子，你不要面子！」唉……還是把書稿看了再寫吧！天啊！還好看了，要不然就糗大了！因為書裡還提到我！

看完以後，發現一個重點……

這本書的作者的名字要是換成我再出版也行！因為我們倆對退休的看法幾乎完全一樣！因為我們都不知道什麼叫退休。我覺得哪天兩眼一閉，兩腿一伸，才叫退休。如果是正在做自己喜歡做的事時，蒙主寵召，那是最幸福的！哦……我不是說那個事。

要是我，我當然會選擇在舞台上，那有多爽啊！不過其他的演員可就慘了。

至於自己的錢該怎麼花？我早已跟孩子商量好了！有一天把幾個孩子叫到我辦公室，問他們，「孩子啊！爸媽辛苦賺來的錢該誰花啊？」他們都異口同聲的說，「當然是爸爸、媽媽花。」好！那麼，我們就聽你們的意見啦！生前拼命花，省得到時帶不走！

至於遺囑要不要先立？這是個見仁見智的問題。我個人覺得不立也是一種立法。反正到時候，我什麼都不知道了，你們愛幹什麼就幹什麼，我都沒意見。

至於退休後的理財，這可是個大哉問啊！我也大哉答。可能不理財也算是一種理財。省得你聽了哪位專家的意見，教你買了一堆靈骨塔位，到了那一天來了，不知道要住哪一格，也是挺煩惱的。

（本文作者為陶冶文化藝術基金會董事長）

推薦序

# 好的不一定是好，壞的不一定是壞

莊舒淇

一邊編校韻芬的這本夏韻芬的富樂中年學，一邊感嘆人世無常。也因此常想起華新麗華集團創辦人焦廷標生前常常在說的一句話：好的不一定是好，壞的不一定是壞。

但是要如何從生離死別的痛不見底的痛中，走出來，不是一件容易的事。事隔13年了，只要一提起、或者四下無人之際，韻芬總是立即眼眶泛紅、眼淚直流。

喪幼子之痛及之後兩次斷腿之痛，夏韻芬繼續工作但減量，她走到公益、健身房及繪畫教室。

如今的她，又是她大兒子的乖媽媽了，她可以練瑜伽、到瑞士健走旅行。

13年來，她一直過著減量工作的半退休生活。

過著半退休生活，以及為了因應將來的全退休生活，夏韻芬有她獨到的退休前的理財學。

2003年她利用SARS期間，由新北市的公寓大膽換屋到台北市的透天樓；她也勇於做職場轉型，由平面媒體財經記者，轉型到電視台主持財經節目。如今在一個密閉的廣播空間內，由於網際網路的發達，她的廣播節目，又開啟現場直播，她又開始面對聽眾及觀眾；此外，目前的她也是一個積極的財經理財YouTuber。

看起來韻芬的半退休生活，也愈來愈精彩豐富，可能也是永不退休。

人生最快樂的事，是理財可以理到可以隨時不用工作，有足夠的退休金做不用工作的後盾，但又可以不斷做她／他喜歡的工作到老。

這正是夏韻芬的中年以後，親身力行歸納出來的中年學經驗談。

也許你會覺得奇怪：韻芬怎不明白分享她理財實績。

但她在書中已經清楚告訴你：別人寫書理出的他的股海獲利準則不見得保證你照做一定會成功，因為進出的時間點不同。所以一定要穩健理財，或選擇適合自己的理財產品。

如果你現在才30、40歲，那可以積極慢慢定期定額存20、30年後的退休金；最重要的是正在忙碌工作的年輕的你，一定要及早健身、培養工作以外的興趣，不要因為工作，把身心搞壞了。

如果你已經40、50歲，瀕臨被迫提早優退或休無薪假，更該提早培養第二專長、提早有第二收入，就像韻芬不斷地轉換職場領域一樣。

如果你已經60、70歲了，她奉勸你一定要守好自己的養老金，不要全拿去給下一代去留學、買屋，不要讓你的晚年無所依靠，也千萬不要成為下流老人。

（本文作者為天下雜誌出版部顧問總編輯及天下獨立評論、csr 數位頻道專欄作家）

作者序

# 無債進入退休生活

這本書的問世，比計畫提早了幾年。我一直在等一個時機，例如整數年紀、封筆，或是特別的季節，總是在找一個理由。

後來是因為新冠病毒疫情，我不能出國、沒有演講主持活動，我開始想要寫下一點紀錄。剛開始是由我在廣播節目訪問的來賓身上，我看到他們在中年過後生活的精采度，想要記錄下來，並且成為我規畫退休的生活模式拼圖；4月動筆，後來在好友主編素玉（莊舒淇）的千呼萬喚中，認真討論，重新架構書寫，終於可在聖誕節前後出版。

書寫期間，有關於退休的議題四起，其中有投信業者開始規劃退休商品、金融業者也提出退休信託；此外，也傳出勞保年金將要改革。本書就提出對於退休的盤點資產、退休金需要多少錢，以及針對目前金融商品適合與不適合投資的商品分析。最重要的是，提出無債進入退休生活，以及為人父母不要輕易地替孩子買房子、買保單，然後叫孩子剩下的自己繳。這種帶有負債的禮物少送為好。這就是富樂中年的新生活

**運動。**

人生如戲，所以人至中年，往往有個中場休息。我自己因為腿傷，進入半退休生活，但是卻發現是福不是禍。

我失去了一些工作機會，卻也重新進入學校進修，也有多餘的時間當母校的兼任老師；我還積極運動、練習畫畫，參與公益活動。生活多彩，後來，我發現很多人也感謝這樣的中場休息，也就是我稱為的「半退休生活」。我節目來賓林成蔭過去是基金經理人，中場休息之後，成為分析師還是旅遊達人，我多次旅遊都會問他如何規畫；另外一位張大帥轉任顧問，有更多時間陪孩子走台灣的鄉鎮，中場轉身，未必華麗，但都各自精彩。

人至中年，大都是哀樂中年。一邊得到、一邊失去，生活中的喜怒哀樂，像人生的酸甜苦辣。有人是照著順序品嘗，有人混在一起吃，其中滋味也只有中年之後，容易理解。我的母親在48歲時，經歷父親過世，她與父親相差15歲，一直受父親的愛護。沒想到中年過後殘酷的考驗一直來：父親過世之後，一直跟我們同住的外婆也跟著離世；之後，還有我的小弟，母親鍾愛的么兒也在服兵役期間過世；我失去孩子的時候，我問母親「媽媽，我要多久才不會心那麼痛」，母親抱著我說會痛一輩子啊。

母親52歲當外婆，我看到她枯萎凋零的身軀中，因為要幫我帶小孩再度挺直身子；之後，母親也因為孩子多了很多的笑容。記得我有一年去北歐旅遊，到了挪威的奧斯陸，當地有一個鼎鼎大名的雕塑公園，用200多個雕塑來詮釋生命。雕塑大師花30年時間，終其一生完成生命之作，有愛恨情仇，有生老病死，也有生命的凋零跟重生。我看到雕像的感動，有一部分也是因為想起了母親的淚水與微笑。

書名提到富樂人生，希望大家有錢有閒過退休生活，但是後來發現，人生豈能只有富樂沒有悲傷，我決定把悲傷的心痛日記，在深藏13年之後公開，雖然至今依然看一次哭一回，像五月天的歌一樣「笑著哭最痛」。只是我們在中年過後，已經學會「知足的快樂，可以忍受心痛」。

# 目錄

推薦序　人生自在就好　陶傳正……002
推薦序　好的不一定是好，壞的不一定是壞　莊舒淇……005
作者序　無債進入退休生活……008

## 第1部　富樂中年心主張

第1章　2020退休大調查的幾個觀察……023
提早退休並非成功指標……025
333的生活比重……027
退休金重於子女留學金……028
過自己想過的生活，才是令人羨慕的人生……029
保本不能保值……031
解決需求比增值重要……033
第2章　退休到底要多少錢……037

1. 退休費分四大類 ……… 039
2. 你忽略的5大風險 ……… 040
風險1：委屈自己 ……… 040
風險2：低估人身風險／沒有準備安養照護費用 ……… 041
風險3：活到老才發現錢不夠用，生活品質無法維持 ……… 047
風險4：低估通膨風險──物價逐年攀升
勞保給付基準不會逐年提高，卻還會向下修 ……… 049
風險5：高估自己判斷力／被借、被騙、被用掉 ……… 050
3. 退休兩要領 ……… 052
1. 退休準備
第一要領：永遠不嫌早，開始準備不要因為錢小不開始儲蓄或投資，
所有的財富都是從小錢開始長大 ……… 052
第二要領：永遠不要貪高報酬率、選擇高風險的工具或策略 ……… 052
4. 養老防兒，快樂度過晚年 ……… 053

第3章 盤點自己的資產……053
掌握兩個原則……054
原則1：基準日要抓一樣的，
這樣計算出來的資產價值才是最精準的……057
原則2：計算價值的基礎要一致……057

第4章 退休時，那些不能投資，哪些可以投資……065
1. 好股票，也要留意波動風險……067
2. 退休是確定的事，不能寄託在不確定的事上面……068
3. 報酬率的順序也是有風險……069
4. 目標到期基金……070
5. 選擇大範圍的基金……075
6. 慎選ETF……077
7. 機器人投資……080
8. 保證商品 也要多留心……083
9. 母子基金的複合投資法……085
10. 零股……086

第5章 中年過後的金錢觀——化整為零……089
1. 把資產「年金化」……090
2. 以「退休安養信託」作退休資產管理……094
3. 晚年財產超前部署 信託／安養信託……095

第6章 以房養老、留房養老、賣房養老哪個好……099
1. 單身適合以房養老……100
2. 現金流是穩定而非固定……101
3. 多屋者考慮留房養老……105
4. 賣房養老因人而異……106

第7章 無債進入退休生活……109
1. 房貸延長的陷阱……110
2. 不要送孩子有貸款的房子……116
3. 好的動機不一定會帶來好的結果……116

第8章 我如何做到了財務過關……119
1. 我的青春投資夢——坐以待幣……122

2. 運用槓桿 大膽換屋……126
3. 沒有亂買保險，不變成女神卡卡……129

第2部

# 找個理由來退休

## 第9章 為退休找個理由……135

1. 老天爺找的退休預備曲……138
2. 開啟慢節奏人生……140

## 第10章 找幾個學習的榜樣……145

1. 向李姐學去私跟溫暖……146
2. 學習宋文琪的女強人退休生活……149
3. 跟著鍾明秋師姐學放手……152
4. 跟薛幼春學謙卑跟感恩……155
5. 跟譚敦慈學美麗……157
6. 跟陶爸學豁達……161
7. 跟劉炯朗學求知的快樂生活……164
8. 跟彭淑美學運動 年近70，還有人對她吹口哨……168

9. 跟廖玉蕙學道歉學⋯⋯170
10. 跟黃越綏學自在樂觀⋯⋯173
11. 學胡玲瑜老師奉獻藝術⋯⋯177
12. 向丘引學習身為父母不要再為子女奉獻⋯⋯180
13. 跟陳景圓學生命的追尋⋯⋯183

## 第3部 解鎖退休六怕

第11章 退休有那六怕？⋯⋯191
第12章 怕生病——開始運動來解鎖⋯⋯197
第13章 解鎖婚姻 讓生活自在⋯⋯201
1. 退休之後的婚姻關係要增添幽默感⋯⋯204
2. 離不離婚都好⋯⋯206
第14章 中年過後的大人友情⋯⋯211
1. 朋友要知心而交⋯⋯212
2. 人生要有3老⋯⋯212
3. 要懂得隨時給另一半一個驚喜⋯⋯215

4. 人生更多時候需要朋友……217

第15章 快樂比健康更重要……221
1. 老後的社交生活……223
2. 老後跟誰住？……224
3. 認識老後台灣的養護中心……226

第16章 中年後的旅行以自己為主……229
1. 中年後的旅行，開心最重要……232
2. 在中年的旅行中，有幾件事很重要……234

第17章 中年後的母子關係……237
1. 中年以後，學對孩子放手……239

第18章 書寫遺囑……241
1. 寫遺囑是深層的內在自我對話……244
2. 寫遺囑是回顧自己的人生……246

## 第4部 書寫自己的人生故事


第19章 打不開的窗……251
第20章 書寫自己的生命故事……283
1. 我的生命故事簡表……287
2. 生命故事可以分四個階段寫……291
後記 兩個孩子小時候的文章：創造自己 大寶、翰寶……294

# 第1部

# 富樂中年
# 心主張

第 1 章

# 2020 退休
# 大調查的幾個觀察

2020年4月，中華民國退休金協會跟智富月刊做了一份退休金理財規劃大調查，針對全台22縣市800位35歲到60歲負責個人或是家庭理財規劃的民眾進行調查，其中有幾個調查結果值得討論。我把問題歸納於一個開心、二個擔心。

首先開心的是，在調查結果中，有97.1%的民眾已經著手進行退休規劃。對應之前2015的調查結果只有5成民眾著手準備退休規劃，已經成長將近1倍。看得出來一般的行動力大幅提高。過去退休的議題不被重視，一來擔心的是年輕人普遍認為退休離自己太遠，言之過早；二來擔心的是中壯年考慮的是上有老、下有小。一言以蔽之，就是「生吃都不夠，哪有剩下的來曬甘」，對於退休只能有意識的忽視。

最重視退休議題的族群就是屆齡退休或是已經退休，年紀55歲以上居多，他們擔心退休金不夠，拼命找積極商品投資，期待拚對了，就安穩退休，於是把理專當成魔術師一樣的要求。

現在看到民眾已經警覺必須提早退休規劃，一方面迫於年金改革之下，出現積極面對的勇氣跟執行力；另一方面也是因為多年的理財教育有了成果，早投資、早輕鬆。

至於擔心部分，其一是我發現這一次退休調查中，有一個現實的問題，預計退休年齡比 2014 年的 58.3 歲，提高到 60.86 歲。這點引起很大的討論話題，首先，民眾對於期待退休年齡的平均值，從 2014 年的58歲，現在已經延後到接近61歲。可以聯想到在軍公教年金改革、長壽趨勢以及低利率的總體經濟環境等不利因素考慮下，民眾對退休出現壓力，使得時間的合理期待平均值延後3年。

## 提早退休並非成功指標

過去談論退休，大家討論的焦點都是要提早退休，並且視為成功的指標。如果工作只是為了金錢，那麼工作只是一個不得已的選擇；如果喜歡工作如我，又或是能夠接受新工作的人，工作不但有收入，也有樂趣。

記得我訪問過宋少卿，他提到父親是軍中退伍，之後到公寓大廈當管理員；當他去探望父親時，發現父親已有年紀，還要在暗夜中留意進出公寓的進出住戶，心生不忍，當下勸父親不要做了，父親卻言詞興奮跟他說，現在大樓住的將軍、老師、總經理都歸他管，每天將軍還會跟他問好。這是多光榮的事！宋少卿才發現父親對於退休工作的高EQ。

**退休與工作不需要一刀切**，不要認為工作時期就是充滿痛苦，只有退休才是解脫；要換一種想法，**自己開心生活才是最重要的**。

「退休」的確需要在財務上有一定的安全度（一個安心的財務數目），但是不代表一定要完全退出職場，每天環遊世界、遊山玩水才叫退休。

退休是在建立財務安全度之後，換取對於工作和生活樣態安排擁有更大的自由度來過自己想過的生活。

試想，過去可能因為工作必須要負擔房貸、家庭生活開銷、教育費、準備自己的退休金等等，在金錢沒有到達一個安心數字之前，不敢隨便安排生活的樣態。

我訪問梁修身導演時，他說孩子在加拿大溫哥華念書時候，他請了3天假去看兒女，沒有錯，就是3天，扣掉搭飛機往返，他說吃了3頓飯，還跟兒子去看一場籃球。

他說他的工作是導演，就算已經有足夠退休金，但是責任重大。「導演不在，大家都沒工作了，」他這樣說。

## 333的生活比重

以我自己來說，前年乾女兒貝貝由McGill大學畢業，我也是飛加拿大，參加畢業典禮完之後，整整玩了3個星期。本來好友Keeper知道我在加拿大玩，叫我一定要去他溫哥華大豪宅住幾天，我差點心動，這樣一玩就是1個月。

其實，我的財富跟梁導不能比，只是我工作量在走過半世紀人生之後，累積了退休金；另一方面，工作量下降三分之二，我才有比較多的彈性規畫生活；後來，我自己摸索333的生活模式：三分之一工作；三分之一做自己喜歡的事，包括運動、畫畫以及在學校兼課；另外三分之一做公益。

目前還有部分的微調。例如今年疫情當前，工作量下降，我開始研究錄製PODCAST，儘管沒有帶來收入，但是帶給我另外一種工作上的樂趣。

後來，疫情稍緩，我的工作增加，也就常常在運動跟畫畫課中請假。老師總是會開我玩笑，「又去賺錢了？」

所以，當一個人對退休後財務的依賴程度愈低，意思就是不再需要為錢而工作時，對生活的自由度就會變大。因此大家更不要因為退休年紀要往後延幾年而顯得焦慮。

工作年紀長一點，有甚麼好處？從一個很簡單的算術可以看到，當我們從25歲工作到55歲退休，活到85歲，工作時期與退休時期就是1:1；工作30年，退休生活也是30年，可是當我們願意從25歲工作到65歲退休，活到85歲，工作時期與退休時期的比例就變成2:1（工作40年，退休生活20年）。是不是發現退休金壓力立刻少了一半？當工作與退休是1:1的時候，其實工作初期的薪水少；到中期時候，薪水增加，但是家庭責任也增加，因此記得要存下子女教育基金跟自己的退休金。

## 退休金重於子女留學金

很多人，甚至會在子女教育基金跟退休金之間，選擇給孩子教育費，而忽略自己的退休金。這是非常危險的一件事。

近20年的觀察，大家結婚結得晚，所以當孩子需要大學以上的教育金時，常常會跟我們的退休金混在一起。

如果早年做好分流管理，自然不會痛苦掙扎；**如果只有一筆錢300萬，你會給孩子留學還是留給自己當退休金？我的建議當然是留給自己。**

現在想如果55歲到65歲之間的工作仍然是自己所喜愛的，不管是上班時間上更為彈性自由，或是對於個人或是社會有所貢獻，為什麼要讓自己提早退休？

我很喜歡我的工作，工作也帶來收入跟成就感，我不但期待工作到65歲，甚至希望工作到更老。當然，我們會隨者年紀轉換工作別或是工作性質，這樣也可以先進入半退休生活：在工作與興趣、生活中做一個平衡；接下來慢慢調整比重，充分享受樂在工作的退休生活。

## 過自己想過的生活，才是令人羨慕的人生

因此工作年限延長，不全然都是壓力考量。

以我個人來說，我希望工作延長。我也常對身邊的朋友說，希望工作到死前一分鐘，足以證明我真的很喜歡工作。所以，如果你的工作只是耗損心力，毫無樂趣、成就感可言，那麼，就必須提早儲蓄投資累積退休金。這樣可以及早退休或者降低對收入的依賴，成為你要快樂過退休生活的唯一選擇。

但是，**如果是能做自己喜歡或有成就感的工作，又繼續有收入，利益眾生，在享受工作的心態下，晚一點退休是一個更好的選擇。**

**尤其現在社會對於退休觀，早已經不是用多早退休來定義人生的成功，而是有能力過自己想要過的退休生活，才是大家羨慕的人生。**

美國世代行銷專家迪特瓦分析近20年來現代人的生活方式與消費趨勢，提出了「C型人生」的理論。

他說人們不再循著既定生活次序，過著從出生、受教育、工作、結婚、生子、退休、死亡的「線性」生活模式，而是將生命視為C型（cycle，週期）。

在C行型人生的概念下，有些人可能會在30歲創業、40歲去當學生、50歲結婚、60歲去國家公園解說員。在人生不同階段，都可以重新開始。這樣的人生將更有彈性、更精采有趣。

我訪問台灣女性登上聖母峰的秀真，她先喜歡爬山，後來因為高山的生態迷人，她先選擇念森林，後來再去念大氣科學。因為高山的氣候對於登山者有很大的威脅；後來，她登上聖母峰，已經與世界齊名，又選擇登一座更難的山，教育大山，希望成立推動爬山學校，於是再去念教育學系博士班。

**我曾經也是過線性的人生，努力讀書，找工作、結婚生子；沒有想到中年的一場生離死別，帶我進入另一個學習領域。**

財經記者出身，終於去唸了商學院，再度當了學生，讀書時候，兒子也在念書，常常笑我「你不要因為要當我的榜樣這麼努力念書，輕鬆一點」，我也當兼課老師，教育學生；我的重訓老師比我兒子大幾歲。我很開心在老師跟學生的角色生活中渡過。

## 保本不能保值

在於民眾選擇退休理財項目時，主要的前3大考量，分別是1：保本佔35.5%；2：投資報酬率佔27.4%；3：固定配息佔20.1%。

如果再分析35歲到39歲的受訪者，也是把保本放在第一順位，這個結果令我吃驚以及擔憂。

民眾對於退休資金心態保守，是可以被理解的。因為退休時候，可能已經沒有工作收入，或是工作收入僅是鼎盛時期收入的三分之一或是更少，對於有資產的人士，保本是必要且安全的。

我的一位朋友，把2億元的現金存定存，一年利息1％，一年利息200萬元，他每月爽花16萬多，也不會傷及本金；但是對於未達到退休金安全數目的人來說，必須要了解保本與報酬率是相對互斥而難以兼得的。

因此，年輕人更不能在退休金還沒有到安全部位的時候，就先保守。很像我認識的一位年輕女孩，她26歲……投資貨幣型基金。我告訴她，貨幣型基金是有錢大戶短暫停泊資金的商品，因為報酬率跟利息差不多，她並不理解。後來，我舉例，就像她要去高雄，選擇是騎腳踏車而不是高鐵，速度會慢很多。

**年輕人必須要及早開始用定時定額學習投資股票或是基金，練習對波動的認識和承受度，學習時間分散（定時定額）、標的分散（用基金、ＥＴＦ代替股票）、到資產分散（股票、債券配置），年年保證5％報酬率的商品不存在，但是長期投資平均5％、6％報酬率是存在的。**

當我們老的時候，我們兒女也可能邁向50～60歲，已經不是我們的照顧責任了。

如果還在擔心退休資金不足，那麼要考慮的是投資型保單中的「變額年金」，一樣有付保證機制的設計，只是會側重於仍生存時，年金提領的相關保證。

## 解決需求比增值重要

我前一陣子跟張金鶚教授聊天，他自己是地政系教授，在房地產行業中擁有眾多學生。按理，他要買房子增值、賺錢，應該都有特殊管道，只是他過去常常被市場稱為「空頭總司令」。有一次我跟他一起開直播聊他的退休自由人生，我忍不住問他被稱為「空頭總司令」，卻一再買屋，記錄中他買了3屋（賣了2屋）。他說，買房子，7成先考慮自己的需要（他沒有小孩），3成才是考慮當時的經濟環境。他最後選的退休宅，有大量的公設比。

對於一般人來說，一定會認為把錢浪費在用不到的公設上，但是他卻天天使用游泳池、圖書館跟會客室，而且自嘲，儘管有知名度，買房子還是沒有便宜的破盤價，但是住進自己喜歡的房子，價值高過於價格，這也是大家常忽略的一件事——只會了地段好，會增值，卻忘記了自己的需求。因此不管是投資或是置產，都需要清楚知道自己的需求再來行動更重要，不是因為「保證」或是因為「便宜」。

前陣子，我還跟秦嗣林聊天。他是國內寶物鑑定專家，他告訴我很多有趣的事。例如大家買的東西，怕買到假貨，總是假借名義到他的當鋪典當；因為要典當，就會鑑價，這時候就會知道寶物的價格，如果鑑價可以典當50萬元，那麼市價至少80、100萬元；也有很多人會問他如何殺價，畢竟買東西殺價就是價值的保證，這也跟我建議買股票要知道大股東的成本的道理一樣。這樣價格不容易買高，以後的獲利空間大。秦嗣林說，他總是告訴來找他的朋友，買東西第一句話不是「這是真的嗎？」，因為你自己要有鑑定的能力，也不死命的殺價或是要求打折，而是要關鍵一問「如果我不喜歡了，可以原價賣回給你？」，這個答案才是關鍵。

買賣東西都有價差，包括買美金、黃金，就算買一個愛馬仕名牌包，之後要賣出，也不會是原價，大多數要看保護的好不好、有沒有瑕疵？除非少數特殊的材質或是顏色，大多數不會比買價高，而如果是寶物更擔心的是賣回的問題。

過去我也有朋友問我要幫孩子買房子，可以殺價多少？我也是提醒他要評估的不是現在可以殺多少，而是「未來可以增值多少」。

# 第2章

# 退休到底要多少錢

很多人談到退休金，大概都是報章媒體常出現的數字：至少3000萬元。其實退休的生活規劃豐儉由人，不一而足，如果能夠符合心中的安全數值或是能夠算出每個月的現金流入，這樣才能夠舒心地過著退休生活。

國人的心中的安全數字，大概都是經由報章媒體所提及的1000萬、3000萬、4000萬，或是億萬人生。通常指的是一間自有住宅以及存款，一般人會認為1000萬元。

我有一次做過調查，以我節目採訪的來賓（教授、專家、律師）口徑一致認為要3000萬元。我本人則認為有2000萬及一棟無貸款自住屋即可退休。在國外，幾年前有一本書非常暢銷，提出FIRE書中提到月支出乘上300的概念，其實就是，你知道每個月的支出（假設6萬元）乘上300就是你安全的退休金數字，而300的概念在於1年12個月，預計退休後活25年，12×25＝300再把60000×300＝15000000元。當然如果65歲退休，再活25年是90歲，接近一個安全的數字；如果有了一筆錢，能夠做一個規劃，每年有4%的報酬可以提領。那麼，在退休時候，可以使用投資獲利的錢，而不動用到本金。這時候，活到120歲，也不會有太大的壓力。

## 1. 退休費分四大類

退休生活中花費主要分四大類：⑴生活費、⑵休閒娛樂費、⑶醫療保健費、⑷安養照護費。

一般而言，基本生活費有機會控制在1萬到2萬元之間，但是如果你的期待是退休後可以環遊世界、展開米其林追星之旅，那麼你的退休金準備目標就得向上調整。如果你的的休閒娛樂都是種花、種菜，或是看電視，可以比較不花錢，生活費用可以控制在一個水位。除了生活費之外，休閒娛樂費也可以控制，唯獨醫療或照護費用就不是我們說省就可以省的下來。

我跟很多人聊過退休，大概可以綜合以下幾種類型的思考：

- 退休後生活簡單，每個月應該2萬元就夠了吧！
- 我有勞保和勞退退休金，差不多夠了吧！
- 我不想活太久，大概80歲吧！
- 就算一個月要花3萬元，60歲用到80歲，720萬夠了吧！

- 我有房子可以養老
- 只要中樂透就甚麼都解決了

## 2. 你忽略的5大風險

這些想法，只說對一半，也錯一半，錯在於忽略的風險，其中風險歸納如下：

### 風險1：委屈自己退休後的生活費

很多人都以為退休後生活簡單、開銷減少，1個月大概1、2萬元的生活費即以足夠。依此水準估算，從65歲退休後活到85歲，退休金準備3、5百萬元就已足夠，但事實並非如此。很多人在退休前生活費就不只1.2萬元，卻要假設退休後個人生活可以縮衣節食。我想大概也是跟一般訊息中提到的所得替代率有關。

大家認為，退休之後，搭公車免費，也省了跟同事喝咖啡聊是非、買漂亮衣服等等花費，認為應該是過去生活費的七折八扣即可。其實，我要推廣是比退休前更高的所得替代率（大於1），舉例1個月花3萬，退休時1個月花4萬（所得替代率1.33%，大於1），這樣你有充分的金錢可以學東西、交朋友，擴大自己的生活體驗。

## 風險2：低估人身風險／沒有準備安養照護費用

有一個跟老年醫療有關，在網路流傳的笑話是，「你有很多錢，但是需要跟醫生分享；你有百萬名床，卻天天失眠；你拎著LV包包，裡面裝的都是藥！」

跟拉低所得替代率比，還有一個很大的風險是沒有把醫療照護費用估算進來，更是最大的風險跟危機。

年輕時候，我們的醫療費用並不高。就像我斷腿，開刀住院近1個月，術後復健半年，醫療部分的花費並沒有超過10萬元；但是很多健康醫學的訊息都提出警告，50歲後的醫療費用支出會占一生醫療費用的65%。

日前國發會發布的人口推估報告指出，我國在2020年正式進入「人口負成長時代」，比前次推估提前2年。早在2018年，我國就已進入高齡社會（65歲以上人口占比超過14％），如今更預估提早1年在2025年進入超高齡社會（65歲以上人口占比超過20％）。

在人口快速老化、年齡組成結構的變化下，等我們老的時候，想倚賴家庭成員照護將愈來愈不可能。

我在節目中訪問過盧建彰，他的母親失智，為她找個安心的養老院煞費心思。他提到一家叫雙連，後來我查一下資料，真的令我大為吃驚。

根據統計，台灣1000多家養老院，有3成床位乏人問津，卻有家養老院是一位難求，現在預約，竟23年後才排得到！不僅滿住率達100%，還能長期維持零呆帳、零訴訟，穩定賺錢的就是雙連老人安養中心——全國最熱門的養老院。總床數432床，入住率百分之百，預約人數達1700人，現在開始排隊，約23年後才排得到。全台養老院提供9萬7000多個床位，還有3萬多張空床，這裡卻一位難求。

它沒有聘雇外勞，人力比為一比二，是政府規定的4倍；每位老人平均空間23坪，是政府規定的4.6倍。

## 安養照顧費用不容忽視

我也用目前的資訊分享一下安養照顧的費用，有鐘點照護費用，也有按照類型安養型、養護型、長期照護型分類；其中，鐘點照費用，見圖表1。

台灣目前看護費用：每日2000元，一個月就要6萬元，一年要72萬，10年就會花掉720萬。如果要請居家看護或機構看護，費用如圖表1、2。

**圖表1：鐘點點家服費用表(單位：新台幣)**

| 項目 | 服務項目及內容 | 服務費用 |
|---|---|---|
| 基本服務方案 | □備餐（□煮食□熱食□外購□灌食）<br>□協助餵食<br>□留意並記錄飲食及營養狀況<br>□注意居家安全<br>□服務對象使用之環境清潔：（掃地／拖地／擦拭除塵）□浴室□臥房□客廳□廚房<br>□膳後清潔處理（使用<br>□清理一般家庭垃圾、廚餘<br>□便器（便盆、尿壺）清洗處理<br>□陪同外出辦事 / 購物<br>□代購生活物品<br>□協助申辦各項福利文件<br>□代繳各項費用<br>□陪同就醫 | 每小時400 元 |
| 健康促進服務方案 | □上下樓梯訓練指導<br>□翻身擺位<br>□移位協助<br>□生活重建及認知功能指導<br>□語言復健指導<br>□吞嚥練習及復健 | 每小時500 元 |
| 失智照顧服務方案 | □精神行為照顧<br>□營養飲食照顧<br>□照顧環境評估與安排<br>□生活促進與自我照顧能力照顧<br>□照顧者自我放鬆活動帶領 | 每小時550 元 |
| 癌症照顧服務方案 | □協助管路進食與清潔<br>□口腔照顧與清潔<br>□如廁或更換尿布<br>□營養和輸液的需求<br>□末期身體症狀問題<br>□心理精神照顧 | 每小時500 元 |

資料來源：中化銀髮居家照護

# 圖表 2：台灣目前老年看護費用

| | 專人照顧 | | 社區式日間照顧 |
|---|---|---|---|
| ■ 居家式 | ● 白天：<br>30,000 ～ 40,000 元<br>● 24 小時：<br>60,000 ～ 90,000 元 | | 6,000 ～ 15,000 元（不含交通、特殊器材、家人照顧成本）<br>中南部偏遠地區最低平均 6,000 元，城市地區平均為 15,000。 |
| ■ 機構式<br>日常生活所需支出： | ● 老人養護機構：<br>15,000 ～ 26,000 元<br>（健康狀況不良、行動不便、生活無法自理） | ● 長期養護機構：<br>16,000 ～ 39,000 元<br>（24 小時需照顧的失能老人） | ■ 護理之家 1：收費方式（以公立新北聯合醫院護理之家為例）<br>單人房——每人每月 54,000 元<br>雙人房——每人每月 35,000 元<br>（以上不含保證金 2 個月、醫療器材使用費、管灌、尿布…等費用） |
| | 以上不含保証金、醫療、復健、器材尿布……等費用 | | ■ 護理之家 2：收費方式（以私立長庚醫院護理之家為例）<br>單人房——每人每月 72,000 元<br>雙人房——每人每月 53,000 元<br>（以上不含保證金 2 個月、醫療器材使用費、管灌、尿布…等費用） |

■ 以（潤泰為例）號稱銀髮族「五星級溫馨住宅」

| | 15 坪 | 24 坪 | 30 坪 |
|---|---|---|---|
| （一）押租金 | 3 ～ 11 樓<br>（700 萬元） | 3 ～ 11 樓<br>（1,350 萬元） | 3 ～ 11 樓<br>（1,400 萬元） |
| | 12 ～ 20 樓<br>（750 萬元） | 12 ～ 20 樓<br>（1,450 萬元） | 12 ～ 20 樓<br>（1,500 萬元） |
| 月租金 | 0 | 0 | 0 |

**押租金說明：**
押租金以戶計費，於簽約時分 4 期繳交（註一），解約時無息返還（註二）。
註一：簽約金分 4 個月付清。（簽約當天 10%、其它期款分 3 個月繳納）。
註二：合約有效期限 10 年。居住超過 2 年退租，押租金全額無息返還。
註三：參考資料 2019 年 01 月 01 日起新簽約承租戶適用以下價格表。

| | 項目 1 | 1 人居住 | 2 人居住 |
|---|---|---|---|
| （二）每月生活費（以人數計算） | 管理費 | 15,000 元 | 25,500 元 |
| | 伙食費 | 約 6,900 元 | 約 13,800 元 |
| | 私用及公共水電費 | 約 2,000 元 | 約 3,000 元 |
| | 合計每月生活費 | 約 23,900 元 | 約 42,300 元 |

| | |
|---|---|
| ■ 日常生活所需支出： | ● 一次支付項目：<br>輪椅、電動床、氣墊、特殊衛浴器材等，合計約 5 萬元。<br>● 需重覆購買項目：<br>如寢具衣類、紙尿布、衛生醫療用品等，平均每月支出 8,000 元 |
| ■ 養生村<br>（以長庚為例） | ● 房型：（15 坪 1 房 1 廳）每人每月 20,000 ～ 24,000 元，保證金 25 萬。<br>● 房型：（22 坪 1 房 2 廳），每人每月 29,500 ～ 34,000 元，保證金 34 萬。 |

## 圖表 3：平均餘命表（108 年整理出的數字）

| | 0 歲平均餘命（平均壽命） | | | 60 歲平均餘命 | | | 80 歲平均餘命 | | |
|---|---|---|---|---|---|---|---|---|---|
| 分類 | 全部 | 男性 | 女性 | 全部 | 男性 | 女性 | 全部 | 男性 | 女性 |
| 平均餘命或壽命 | 80.86 | 77.7 | 84.2 | 24.49 | 22.39 | 26.61 | 9.84 | 8.89 | 10.71 |

## 風險3：活到老才發現錢不夠用，生活品質無法維持

依據民國108年最新統計資料顯示，國人平均壽命為80.9歲，男性平均壽命為77.7歲，女性則是84.2歲。很多台灣人做退休規劃，就以平均壽命為假設，估算從60歲用到80歲的花費，準備20年要用的錢就夠了。事實不然。退休規劃必須引用平均餘命數據而非平均壽命，否則會低估退休金使用年期的需要。

「平均壽命」是指從一個人零歲開始追蹤他的死亡年齡，包括因為各種原因早夭離世的人口。但是「平均餘命」（例如60歲平均餘命）則是追蹤那些已經活到60歲的人口，看看他們最後是幾歲離世，再把這些年齡平均起來。如果我們要準備退休金，當然是要跟已經活到60歲的人一起來比賽，因為這個數字也會改變。依據圖表4，我們可以清楚看到，如果我們假設自己可以活到60歲，那麼，退休金準備到80歲是不夠用的，如果一旦活得到80歲，恭喜你，平均來說，你有機會活到89歲。同時不要忘了另一個趨勢，這樣的數據每年還在增加，所以如果你目前還沒有60

歲，等你活到退休年齡時，不管是平均壽命或是平均餘命的平均值又會再增加好幾歲。

根據內政部最新公布的「108 年簡易生命表」，國人的平均壽命為 80.9 歲，其中男性 77.7 歲、女性 84.2 歲，皆創歷年的新高，且與聯合國公布的全球平均壽命相比，我國男、女性平均壽命分別高出 7.5 歲及 9.2 歲。

近年來隨著醫療水準提升，大家重視食品安全與運動養生，平均壽命從 98 年的 79.0 歲上升到 108 年的 80.9 歲，趨勢是長期的呈現上升，顯示大家愈來愈長壽。

## 圖表 4：人口愈來愈長壽

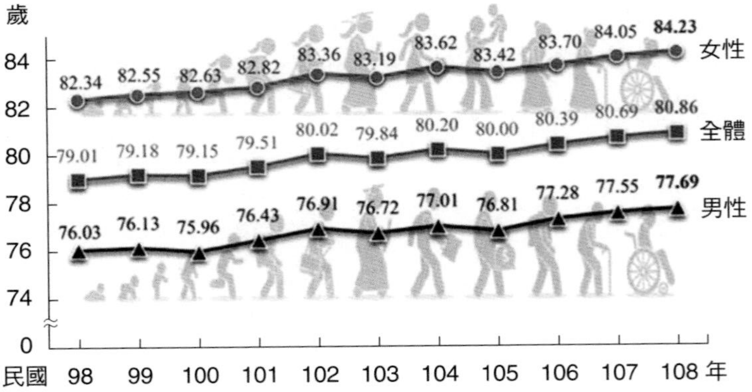


資料來源：內政部主計處

## 風險4：低估通膨風險——物價逐年攀升，勞保給付基準不會逐年提高，卻還會向下修

假設林先生今年45歲，希望60歲退休，目標採簡單生活，所以只要每月2.5萬元就夠用了。林先生退休時累積的勞保年資35年，退休時平均月投保薪資45,800元，計算勞保老年給付月退俸，是45,800×1.55%×35＝24,846元。另外，勞退從民國94年起累積，假設當時薪水43,900元，而且薪資按1％幅度成長，勞退基金報酬率根據最新10年的統計數據（2010～2019）年最低保證收益率平均約1.22%，而實質收益率平均是3.51%，假設報酬率以3％計，勞退未來每月可領約8,602元。加上勞保共約33,448元，看來是可以讓林先生快樂退休。

但是這裡卻忽略了一個重要事實，林先生期待的2.5萬元是用現在的物價衡量的；等到他60歲時，當年的2.5萬元早已經不是現在2.5萬元所擁有的購買力，假設通膨3％，現在的2.5萬元，相當於15年後的38,950元。所以，要過現在2.5萬元的生活，其實是相當於60歲那一年的38,950元才夠。別忘了接下來的每一年退休費用還要繼續逐年上升。

## 圖表 5：勞工個人退休金試算表（勞退新制）

| | | |
|---|---|---|
| 個人目前薪資（月）： | 43900 | 元 |
| 預估個人退休金投資報酬率（年）： | 3 | % |
| 預估個人薪資成長率（年）： | 1 | % |
| 退休金提繳率（月）： | 6 | % |
| 預估選擇新制後之工作年資： | 30 | 年 |
| 預估平均餘命： | ○ 20 年　● 24 年 | |
| 結清舊制年資移入專戶之退休金至退休時累積本金及收益 | 30 | 元 |
| 試算 | 重算 | 計算明細 |
| 預估可累積退休金及收益： | 1,768,882 | 元 |
| 預估每月可領月退休金： | 8,602 | 元 |
| 預估每月可領月推休金之金額佔最後三年平均薪資比例（所得替代率）： | 14.829244746323718 | % |

至於勞保潛藏負債10兆，現在政府最大的挑戰就是勞保改革2.0，改革方向會朝調降給付、溯及既往還未知？所以光靠勞保、勞退這兩項社會保障與雇主提撥是不夠的，更何況2.5萬元還不足以應付一旦發生重大病殘的醫療自費或是年老的長期照護需求呢！

## 風險5：高估自己判斷力／被借、被騙、被用掉

我常常在演講時候問大家一個問題，如果退休金跟孩子的教育金有衝突時候，應該要把這筆錢留給自己或是資助孩子去念書？答案通常是一面倒——要給孩子去念碩士、博士，甚至出國留學。

多年下來，情況才有些改變。

如果子女教育基金跟退休金分開準備，自然不會痛苦掙扎，但是如果只有一筆錢，又留給孩子念書，自己省吃儉用，最是不智。或許大家都認為應該要栽培孩子，但是如果孩子創業失敗，又或是遭黑道討債，你的退休金化為烏有，孩子還有時間跟機會再站起來，而我們卻是在一天比一天老去。多年來我一直提醒「養老防兒」就是基於這個原因。畢竟把自己照顧好，才是給孩子最好的禮物。

也要提醒好不容易辛苦一生所換來的老本，千萬不要因為一時的貪念，聽到甚麼保本或好賺的行銷話術，就把錢交給別人，以至於被詐騙集團騙光一生積蓄，落得晚景淒涼的下場。

# 3. 退休兩要領

## 1. 退休準備

**第一要領：永遠不嫌早開始準備，不要因為錢小不開始儲蓄或投資，所有的財富都是從小錢開始長大。**

**退休準備第二要領：永遠不要貪高報酬率，選擇高風險的工具或策略。**

因為時間加複利的威力令人敬畏，通常是在10年後開始顯現。以72法則來說，把72除以報酬率＝本金翻一倍的時間。假設是6％的年報酬率，12年時間，你的100萬，可以變成200萬元，你會想說那直接找18％的報酬率，不是4年就翻1倍？這不是合理的報酬率，而且詐騙成分極高。

# 4. 養老防兒，快樂度過生活

總有一天，我們也將要一起「移民」到天堂過日子，天堂必然是個好地方，無憂無慮、快樂自在，但是移民之前，先把自己的晚年生活照顧好！

很多人談到退休時會擔心錢的人，通常錢不夠，於是就會積極地亂投資，於是理財跟理髮的道理一樣——愈理愈少！

退休金不是愈多愈好，大部分的人不知道要賺多少錢才夠，拼了命地賺錢；退出職場之後，發現工作同事全部成了敵人，家人全部變成陌生人，有錢要請人家吃飯聊天，還想不出人選！

退休生活但求安心，死太早（責任未了）、活太長（退休金不夠）、病太久（情何以堪）。為了安心上天堂，人生的責任要先盡完，孩子上大學、房貸繳完，自己還有餘錢過日子。

錢多固然日子好過，錢少也不是不能過日子。降低需求，搬離台北市，一樣可以快樂生活的地方。

最近我就發現嘉義的生活費相對低，而且醫院很多，很適合老年生活；花蓮好山好水，爬個小坡就可以看到夜景，也是好地方；我還有好友在羅東、梨山、南投。這些也都列為我退休規劃的落腳處。

我跟大家一樣都有孩子，但是現在觀念不一樣。以前是「養兒防老」，現在是「養老防兒」。記得要把老本顧好（老的時候老本、老伴、老友，這3老是我們最大的資產），因此要防止兒子、女兒來借錢。

孩子養大，應該有自己的人生，你的退休規劃是不含孩子的費用，任他哀求，就是不能給！因為我們要確保在移民天堂之前，快樂度過每一個晚年的退休生活！

# 第3章

# 盤點自己的資產

退休之前，需要先盤點一下自己到底多少錢來過退休生活。

如何去盤點自己手上的資產，知道我有多少錢？很多人會覺得是每月薪水還有銀行帳戶裡的錢才是錢。廣義的錢，包括現金、存款、基金、股票、黃金、珠寶、收藏品。

目前的薪水都是薪資轉帳戶，換一個新職場就開一本薪資戶，離職後大多也是留著擺一旁。久了，真的也忘了。所以你有多少本呆存摺？裡面留多少錢也沒注意？找個時間清一清或許還有小驚喜，接下來就是找個APP或是用excel表格好算個帳。現在大家離不開網路，不妨打開網路銀行功能，你的存款、投資這些銀行都幫你計算好了，你只要把每家銀行的數字彙總一下，你的身家資產就出來了。

## 掌握兩個原則

自己也可以來做身家資產調查表，在做統計報表時，二個原則掌握好：

**圖表 6：4201 富蘭克林華美第一富（臺幣）——P3 等級**

| | |
|---|---|
| 信託型態 | 定期定額 |
| 單位數 | 62.2000 |
| 投資金額 A | 62.2000 臺幣 3,000.00 |
| 參考市值 B | 臺幣 3,188.00 |
| 投資損益 | 臺幣 188.00 |
| 投資報酬率（不含配息） | 6.25% |

## 原則1：基準日要抓一樣的，這樣計算出來的資產價值才是最精準的

假設現在以1月1日為準，那麼你的所有基金、股票、外幣、黃金就請抓這天的資料，然後key（鍵入）進你的表格中，加總計算就完成。

股價的變化狀況，日期不一致；價值不一樣，報表也失真。

## 原則2：計算價值的基礎要一致

用市值計算是最貼近真實的現況，舉例你現在想要買房子，需要處分多少的資產？才能達到目標？用市價是比較明確。當然如果你覺得市價浮動，沒賣都是算沒賺，想要採保守的成本值計也沒關係，只要全部計價都一致就好。

計算你的身家財產，當然不是說一次就好，要開始學習做很重要。就像一個公司的財務報表有分月報、季報、年報，從這些報表的數字變化可以看出營運變化。個人的報表是不用像公司般那樣制式，但是可以試著每年統計一次，回顧過去一年的資產變化，看看投資損益變化；特別是退休之前，一定要知道自己的身價，才好安排退休的生活。

以下表格提供參考：這是基金投資狀況的例子，可以看到現（市）值欄位。

股票可上證券戶網路系統，股票現值都隨著每天股價變動更新計算。

# 圖表 7：各類資產做成表列管

## 7-1 資產類

| 名稱 | 摘要 | 台北銀行 | 國泰銀行 | 合計 |
|---|---|---|---|---|
| 庫存現金 | 外幣現鈔－美元 | 10,000×29.57 | | 295,700 |
| | 外幣現鈔－日圓 | 300,000×0.2796 | | 83,880 |
| | 外幣現鈔－人民幣 | 100,000×4.353 | | 435,300 |
| | | 折台幣計算 | | |
| 銀行存款 | 活存 | 200,000 | 400,000 | 600,000 |
| | 定存 | 1,000,000 | 1,000,000 | 2,000,000 |
| | 外幣 | | 100,000 | 100,000 |
| | 其他－勞保自提 | | | 330,700 |
| 投資類 | 基金 | 2,512,088 | | 2,512,088 |
| | 股票 | | 71,700 | 71,700 |
| | 黃金 | | 100g×1930 | 193,000 |
| | 投資型保單 | | | |
| 不動產 | 自住房屋 | | 現值 | 17,000,000 |
| | 投資房產 | | | |
| 交通設備 | 房車 | | 現值 | 600,000 |
| | | | 總計（A） | 24,222,368 |

## 7-2 證券明細

| 股票名稱 | 庫存 | 現價 | 現值 |
|---|---|---|---|
| 台聚 | 6,000 | 11.95 | 71,700 |

## 7-3 負債類

| 名稱 | 摘要 | 台北銀行 | 國泰銀行 | 合計 |
|---|---|---|---|---|
| 短期負債類 | 信用卡 | 36,000 | 4,000 | 40,000 |
| | 信用卡－分期 | 80,000 | | 80,000 |
| 中期負債類 | 車貸 | | 300,000 | 300,000 |
| | 信用借款 | | 100,000 | 100,000 |
| | | | | - |
| 長期負債類 | 自住房貸 | 3,000,000 | | 3,000,000 |
| | 投資房貸 | | | - |
| | | | | - |
| | | | 總計（B） | 3,520,000 |

不少人會覺得這些理財或財務報表離我好遙遠。其實從字面上白話說：資產（總財產的概念）、負債（欠錢）、損益（結餘的概念）。

資產（欄位A）＞負債（欄位B）……數字愈多愈好，表示真實的身價高。

- 基金、股票、黃金……這些可以在盤點當日查看淨值，現在各家銀行網路或APP上都有這些資產總額可查。
- 自住的房子通常是帳面增值而已，因沒有賣，都不會有資產進帳。

要知道自己房子現值是多少？現在內政部有實價登錄網站，查詢家附近的成交價來參考。或是詢問附近房仲業者，約略可知行情。

- 2020年的黃金熱度最高，站上2000美元的歷史新高點，對於習慣購買黃金、金條，紀念金幣，黃金是不會孳息的，而且還要負保管的重責；另外，也要提醒買賣黃金賺價差在行情熱的時候，銀樓的買賣價差大概8％，一買一賣，先損失8％；至於黃金存摺，省卻保管之責，只是黃金存摺僅存摺登載；不是實際持有黃金，且最少購買單位是1公克，進入的門檻低，買賣會有約1.4%的價差，或手續費等成本。

- 汽車是最損耗的資產，除了少數有歷史的骨董車增值，一般房車需每年提耗損（折舊），所以不會像房子土地愈久愈有增值空間。依照公司的財務折舊的算法，【《購買總價－殘值（約總價一成計）》除以（耐用年限）】

  假設：車價70萬，殘值7萬，耐用年限5年。

  計算（70萬－7萬）÷5，每年折舊126,000元。

  所以6年後，車價值歸零。假設開3年車要賣，即便里程數、車況都好，但現實就會折掉近一半的車價了。

- 勞退金自提6%。現在勞退新制，上班族是由雇主提撥6%，當然自己至多也可提6%，對於不擅理財、手頭鬆的人，倒不如用這方法強迫存錢，零存整付積沙成塔。

目前全國的勞工退休基金專戶的投資操作績效，會將收益分享給勞工，而分配的計算基礎跟你帳戶的本金多寡有關，所以對於不會投資的人，可以用這樣的方式補強。當然如果你自己就會做投資的，提存與否，另當別論。

何況自提6%的金額有一個優點就是免稅。意思是這筆金額會在公司給你的扣繳憑單中從總額內扣除，這也是政府一項鼓勵措施。

再說，這筆錢會按月撥入你個人的勞退專戶內，即便你離職換工作都帶著走，不會有任何的影響，何況在你的帳戶內，其他人也無法得知帳戶內的金額。

所以你知道你的勞退帳戶累積了多少錢嗎？可上勞保局網站的「勞工退休金個人專戶查詢」區，最方便的方式是以自然人憑證、勞動保障卡或手機（平板電腦）進入勞保局行動服務ＡＰＰ查詢，如果想要親自到勞保局臨櫃查詢的，記得帶身分證正本也可查詢。

# 第4章

# 退休時，
# 那些不能投資，
# 哪些可以投資？

在我的前一本著作《請你跟我這樣賺》中提到，很多的媒體會用包租公、包租婆、存股高手、不敗投資、高配息基金、買保單安穩退休等偉大成功案例，吸引眼球，讓大家誤以為可以直接複製成功的祕訣。當時我就提過，不是複製一個人或是買一個商品就可以致富，否則世上應該會有「富翁製造機」才對。

報章雜誌報導的成功案例，或許不假（當然也有作假被踢爆出事的），但是分析他們成功的方式都跟當時取得成本有關（市場在相對低點）。也就是包租公婆買房子的成本跟你不一樣，而存股達人跟你現在存股的成本也不一樣；至於保單部分則是因為當時的利率很高，跟現在的低利率環境很不一樣。這點是想要複製成為富翁的人，特別是中年過後的投資人更該察覺的關鍵點。

有人羨慕包租公婆，一直想要買屋收租，但是當年不但房價相對低，就算賣掉也大賺資本利得，不賣，也可以穩收租金。但是現在成本不一樣，賣掉還有房地合一稅；高房價帶來低租金報酬率，這還不包括維修管理費用；而存股票的人，當年的成本跟你現在在萬點之上買的成本也大不相同。

過去也有人買保單就可以準備安穩退休，但是因為當年保單預定利率比現在高出幾倍之多。至於存高股息股票或是買高配息基金大賺退休金的人，當然跟標的有關。但是更有關的是當時的利率水準高，光放定存就有8％，加上報酬率更高。現在銀行定存利率降到0.8％，現在的你如何能買一樣的標的就可以跟達人一樣賺多多，還可以退休？

所以，先揚棄你看到成功的偉大案例，放棄複製他們的方法，幫自己找到一個適合自己退休的財務操作跟規劃。以下，有一些看法跟準退休族分享：

## 1. 好股票，也要留意波動風險

前一陣子，很多人問我，想要把退休金拿去投資台積電好還是特斯拉好？我的答案是：都不好。

不是護國神山台積電或是特斯拉股票前景不好，是退休的人，不可以因為報酬率而忽略了波動率。大家都知道台積電、特斯拉是好股票，但是台積電在2020年的市場波動度超過四成，如果退休金因為投資股價上漲、一路增加，自然是好事；如果好股票碰到壞事情，股價下跌之際，你卻臨時需要現金，必須認痛損失賣股票。這樣的天人交戰發生在退休生活中，實在是煎熬。

## 2. 退休是確定的事，不能寄託在不確定的事上面

我記得我的一位小學同學曾經告訴我，他的退休生活很簡樸：勞保、勞退可以每月領2萬元；此外，他有300萬元，放在銀行定存，每月利息有2萬元。這樣的月收入4萬元退休日子，應該十分愜意了。

我記得，當時，銀行的定存利率是8％，的確有300萬元，一年利息有24萬元，平均每月會有2萬元的利息，但是銀行利息一路下降，當利息降到6％時候，他的銀行定存要400萬元；如果降到2％，那麼存款要1200萬元。像目前，銀行利息不到1％，存款金額要超過2400萬元。

更何況，銀行目前對於500萬元的大額資金都不收。如果確定會退休，但是又無法確定退休時候銀行的利率情況，就算是把錢放在最保險的銀行，風險也過大。

## 3. 報酬率的順序也是有風險

在退休投資部分，我們先了解報酬率是順序的風險，要怎麼樣減輕退休期間所碰到的風險，必須先了解報酬率順序的風險。假設我們投資是10,000元，每年都要領出1000元，前3年的報酬率是先賺10％、賺10％；到第3年賠10％。算一算，10,000的本金第一年賺10％本利是11,000，扣掉要提領的1,000，所以本金是維持1萬元；第2年一樣是報酬率10％，那麼1萬元再賺10％還是11,000，扣掉提領的1,000，那麼你的本錢還是1萬元；到了第3年賠了10％，於是你的投資組合是1萬元剩下9,000，9,000再提領1,000，剩下8,000本金。

再來算一個數字就是一樣投資10,000元，第1年賠10％，第2年、第3年都是各賺10％，那麼結果會有什麼不一樣呢？如果第1年賠10％，那麼就1萬元剩下9,000元，9,000扣掉必須提領的1,000，剩下8,000；第2年賺10％，8,000賺了10％等於8,800，扣掉提領的1,000，剩下7,800；第3年賺10％，7,800的10％是8,580，扣掉提領的1,000剩下7,580。

我們來看兩個例子前面的例子是先賺10%、10%，第3年賠10%；第二個例子是賠10%之後，賺10%。那麼第一個情況是有結餘8,000元，第二個例子只剩下7,580。

這就說明了報酬率的順序不同，會帶來不同的投資結果。這也就說明了對於將要面對退休的人來說，初期的投資期間總報酬會很重要。最好一開始就是小小的賺，如果你一開始就賠，那麼在未來的報酬率上面就會少得很多。所以為什麼大家都說在退休的時候，大家寧願少少的賺，也不要大賠，特別是一開始的時候，最好投資是小賺，否則就會造成本金的虧損。

## 4. 目標到期基金

退休族存退休金幾乎都以定存、儲蓄險這2種沒風險的商品上，但現在台幣1年期利率0.84%，連美元定存1年利率只有0.4%，相較去年此時，美元定存還有1.95。所以目前退休金的準備必須要找適合投資有幾個選擇，其中平衡型基金、多重收益基金、目標日期基金、配息基金……這些都是可運用的方式。

目標日期基金，在國外已是很主流的退休規劃商品，而台灣的投信業者也曾在02年～05年時，發行了此類的產品，但未受到市場青睞。

隨著年改議題後，退休金問題浮上檯面，目標基金瞬間炒熱市場，歷經3年多來，如今這類型的商品也增多，只要投資人預期什麼時候退休，就選擇接近預設退休年期的目標日期基金即可，由基金經理人幫你做長期的投資與風險的控管。

舉例來說：「XX目標基金2030組合基金」，發行的基金名稱後面有年份數字2030，代表這檔基金到期的年期。

**假設，現在2020年，計畫10年後，預計2030年退休，那麼可以選擇2030年的目標基金。**

**或許投資人會有疑問？如果計畫25年後，預計2045年退休的，沒有2045這產品可選怎麼辦？你可以找年期到期前的2040；或年期後的2047來參考，怎麼選都可以，沒有一定的規定。**

因為，這基金的設計就是年限短的操作趨保守，年限長的投資商品選擇多，操作愈積極；獲利選擇相對高，所以年期長的投資報酬率會比年期短的好是肯定的。

這類型基金雖說是為退休打造的，但每家基金公司的布局不盡相同，即便是同樣年份到期基金也有差別，想做功課的可以查看個別基金的配置概況。

## 目標到期基金跟你的退休年期有關

目標日期基金跟你的退休年期有關。目前國內有10多檔的目標到期基金可供選擇：富蘭克林華美（2027、2037、2047）、國泰投信（2029、2039、2049）、富達（2020、2025、2030）、瀚亞（2030多重資產）貝萊德（2030、2040、2050）。

前面提到了，這類型的基金適合不會理財的人，可以用來準備退休金來源之一，但也並非每個人都適合，原因還是在於每個人對於風險的承受度。如果你對於績效數字非常在意，一點負數會讓你寢食難安的人，那就不適合。因為任何的投資商品與風險同時存在。市面上唯一保本的商品只能說是定存，但保本不保值。

投資人或許會問，如果買這類型商品但日期還未到期，卻急需一筆錢可以領回嗎？這類型基金就跟一般基金一樣，可以中途上車（進場）、下車（贖回）。

這類基金到期後贖回的方式，由於這類型是為退休打造的，所以有基金公司設計可以一次贖回，也可以轉換成定期定額的方式買回；而未領回的錢還是留在基金內繼續投資低波動資產，讓投資人每個月都有現金流進來，像是類年金的概念。

假設：OO 目標到期 2027 基金為例，2027 年 12 月 31 日到期日止。擁有 240,000 個單位數。

2028 年 1 月起轉換為 10 年分期領回，則 10 年 × 12 個月 = 120 期。

分期領回的計算公式：單位數 × 當期買回權重 × 單位淨值（買回日當日淨值）

a. 第一期買回日為 2028.01.31 日，單位數為 240,000 個，當期買回權重為（1／120），當日基金淨值為 15 元。

↓第一次的買回價金計算：240,000 個單位數 × 當期買回權重（1／120）× 當天基金淨值（15）= 30,000 元。

b. 第二期的買回日為 2028.02.28 日，單位數為 238,000 個，當期買回權重為

（1／119），當日基金淨值為15.03元。

↓第二次的買回價金計算：238,000個單位數×當期買回權重（1／119）×基金淨值（15.23）＝新臺幣30,460元。

看到這裡，投資人或許擔心，如果辦理分期領回方式，途中也發生臨時需要一筆錢該怎麼辦？也都可以將剩餘單位數一次全贖回，不用擔心錢被卡住。

假設：領了80期，還剩餘8萬個單位數，贖回當日淨值16元。

剩餘全贖的計算金額：80,000×16＝128萬元。

各家目標到期基金的投資布局、股債比重不盡相同，離年期愈遠，股票比重會愈高，隨到期年期接近，逐漸降低風險。所以這種基金要看長期的投資績效，長期會比短期來得好。

**圖表8：目標到期基金領回試算表**

| 類別 | 當期買回權重 | 總單位數 | 領回單位數 | 單位淨值 | 領回金額 |
|---|---|---|---|---|---|
| 1 | 1／120 | 240,000 | | 15 | 30,000 |
| 2 | 1／119 | 238,000 | 2,000 | 15.23 | 30,460 |
| 119 | 1／2 | 4,000 | 2,000 | 15.08 | 30,160 |
| 120 | 1／1 | 2,000 | 2,000 | 15.02 | 30,040 |

## 5. 選擇大範圍的基金

共同基金中有股票型、債券型、平衡型基金，最近幾年名稱上有了些變化；像「多重收益」、「多元入息」之類，這類型基金可說是平衡型的延伸版，特色都是強調透過各種不同類型的資產，創造收益來源。

「多重」表示投資布局裡面有很多不同的商品，我形容像是一杯綜合果汁的概念，只是哪個蔬果調配多少的比例？

各家各有配方，舉例：摩根多重收益：布局有美高收27.8%、歐高收7.6%、投資等級債8.3%、新興市場債2.2%、全球股票13.2%、REITs 6.2%……野村多元收益：債券ETF34.4%、股票29.1%、投資等級債18.2%、高收益債7.4%……富達多重收益：股26.28%（成熟市場14.94%、新興市場11.34%……債66.43%（投資等級債23.2%、高收益債29.67%、新興市場債11.62%……

安聯收益成長布局美國股票41.05%、美國可轉債26.22%、美高收益債25.11%……

（以上資料來源為各基金公司網站）

以上可以看出多重收益基金都是股債混合類組。以配置來看，布局涵蓋了高收益債、美國投資等級、新興市場債、成熟市場、ETF、REITs等，可說是應有盡有的。這樣多元分散，無非是想提供給投資人穩定的配息。

退休族需要的穩定的配息，而非忽高忽低的現金流，所以這類商品因為要穩，基金經理人配置要更多元，以求能四平八穩。因此，像這樣**有配息類型的基金，有兩個重點，一個是要穩，二是要看總報酬，而不是看虛幻的配息率。**

投資人要知道配息率≠投資報酬率，所以配息基金的報酬率來源，一個是投資標的的配息，像股票、債券都有配息，另一個是資本利得。投資人拿到的配息，是賺到錢分配的息？還是為了高息卻造成本金的損失？現在各家基金公司都必須要揭露配息率，所以投資人可以上基金公司網站了解基金的配息狀況。

## 6. 慎選 ETF

目前台灣的ＥＴＦ規模已經高達2兆元新台幣，台股掛牌的ＥＴＦ突破200檔，每個月都有ＥＴＦ接力除息，國人真的很愛ＥＴＦ。

有一次我的節目固定來賓朱岳中老師來我的節目，我們聊起ＥＴＦ。我當時的感覺，好像是小時候，我媽媽在我的皮膚被蚊子咬傷、我被美工刀劃破傷口，或是冬季皮膚癢，媽媽總是拿一罐小護士，甚麼症頭都用這一罐；朱老師也說，他們家用白花油，舉凡肚子痛、頭痛、跌倒，媽媽也是這一瓶化解；而國內投資人在部落客以及發行商的鼓吹之下，年輕人存股、退休族攢退休金、小資族的旅遊資金全部都是ＥＴＦ。

事實上，ＥＴＦ種類很多，過去有很多投資人以為ＥＴＦ就是懶人投資致富好方法，但是如果比較不懶的投資人會發現，投資主動型基金，國內的台股基金超盤績效都超過ＥＴＦ，你可以根據自己的投資偏好做配置，但是不能夠像一些投資人根本不了解正向、反向或是槓桿倍數，甚至也不知道**ETF是會下市，而導致虧損及投**

**資糾紛。**

**ETF投資要先了解分類，簡單來說，有以下四種分類：**

**a：組成方式：完全複製法、最佳化法、合成複製法、抽樣複製法**

**b：追蹤方式：正向一倍、正向兩倍、反向一倍（在美國正反向都可以到三倍）**

**c：標的類型：股票型、債券型、期貨型**

**d：追蹤目標：特定指數、特定商品指數、一籃子股票、主動式**

大家耳熟能詳的是0050，這就是完全複製法；後來，有發行另一檔新的ETF00878。因為標的類似，很多人說，0050價格已經高了，所以買這一檔，後來的確創下超高人氣，掛牌兩個月吸引16萬股民，受益人數超越0050；後來，很多人call in到我的節目，告訴我這檔ETF買到現在還沒有賺。0050是完全複製，因為必須要貼近指數權，至於00878如果不是完全複製法，只要標的挑對了，也會有獲利機會，下跌是因為大盤的權重股都下跌；尤其，**買這樣大型龍頭的ETF都必須要給比較長的時間，才容易看得到獲利。**

對於正向一倍、二倍或是反向一倍，都不可以常抱，必須短期持有賺取價差。

有一些合成複製通常會有買期貨或是選擇權的操作，如果要長期持有該類型的ETF要留意一下期貨換倉成本。

如果以退休規劃的長期投資來說，最好選擇原型，不要選擇變型的；而很多人喜歡選配息的ETF，但配了息，把錢放在銀行，或是拿出來花掉，這樣對於年輕人來說，就達不到複利投資效果；除非你是退休族，你的生活費需要現金流入。

ETF的投資標的非常廣跟多元，目前都是高配息加上科技題材，有些是5G、ESG、機器人、電動車等等。

首先，一定要瞭解上述的四項分類。

如果是**準退休族在選擇ETF，不能做變型、槓桿，最好也別做空，以免跟自己長期投資的心態相牴觸**，造成內心煎熬；

第三，就是買大範圍比小範圍好；

第四，了解投資績效跟時間是成正比，必須要有比較長的耐心。

牢記以上四點，就可以安心投資ＥＴＦ。

## 7. 機器人投資

機器人操盤大賺60％電腦真的贏了人腦嗎？

最近有一個新聞引起了很多人的關注，那就是一檔標榜機器人操盤的德信Tarobo機器人量化中國基金，在去年7月上市，1年之後，績效高達60％，在189檔新台幣計價的大中華股票型基金當中績效排名第1名！而且遠遠超過該類基金平均績效的32.8％。

大家說靠機器人就大賺了！但，真的如此？

機器人這次勝出，簡單來說就是2020年3月股災時電腦建議加碼 vs.人腦減碼觀望，所造成的績效差異。我個人認為運氣成份比較多。

先說電腦的量化投資，簡單地說，就是凡事按部就班，根據既定的規則，然後就明確地執行交易的策略，不受人為的主觀、個人的喜好或者是情緒的影響，但也因為如此，要量化投資因子要如何的正確，就很困難了。例如要把財報的資料本益比、新聞報的訊息甚至董事長有沒有誹聞這件事情都轉化成數字，然後把數字在輸進電腦程式裡面，這樣可以讓程式去設定執行的交易。

要教機器人投資，要給他正確的因子。當然他們用了很多數學系、資工系的高材生，他們一年也要花很多錢向全球的大數據資料庫跟研究機構來驗證數據的正確與否，但機器人背後還是人，還是要靠人來收集分析數據。

由人腦來投資通常執行的速度會比較慢，優點是可以掌握產業的脈動，賺比較大波動的行情，但缺點就是情緒容易受到市場的影響。

反過來說，如果是電腦投資，優點就是規律投資、沒有主觀的情緒，但是他也有缺點，就是碰到重大突發事情的時候，電腦會反應不及。

## 唯一勝出的是「無情緒」

在投資項目中，匯率因為有政策考量，有連續性而且相對容易預測，比較可能靠機器人勝出。

有件事我很肯定，股市首富不是靠機器人投資的，所以不會出現機器人巴菲特。

投資是一種藝術，無法傳承，不是科學那樣精準。我個人長期沒有很看好機器人投資會永遠勝出。

目前看這基金，的確是電腦贏了！但是我認為時間不夠長，就像現在很多年輕投資達人，都不知道熊長什麼樣子，多頭績效要好，空頭是否也一樣？基金的報酬率通常都要看3到5年，到時候是人腦還是電腦勝出，現在還很難說。所以與其期待機器人，你還是戴上老花眼鏡，好好看一下你的投資標的。

## 8. 保證商品也要多留心

投資商品中，如果在名稱上看到有保證二字，一般民眾都會特別有感，很容易買單。前一陣子，就有很多這樣的商品熱銷，但是保證商品到底保證了什麼？很多人是不清楚的。目前市場上有很多附保證的投資型保單可能會遭主管機關停售，比較可能留下來的是保證最低身故給付型。

保險局發現，壽險公司想「保證」的範圍愈來愈大、愈來愈多元。例如有公司申請要保證「鎖高」，即替保戶鎖住報酬率最高時的資產規模，有公司則想保證更多的身故領回。保險局表示「不能無限制的保證」，把投資型保單設計成儲蓄險或壽險公司掛保證的壽險，完全是劍走偏鋒，且可能增加經營風險、創造新的利差損。

天底下沒有白吃的午餐，所有「保證」功能都是要付出成本或是代價的。所以要想清楚自己的需求再選擇商品，不要只聽到保證二字就受誘惑，忽略了自己真實的需求。

以保證身後最低給付為例，在投資型保單的累計已經繳了保費 100 萬元，但是後來虧損2成，進入給付期時，只剩下80萬，這時候的身故保證給付有可能就是給 100 萬元，或是保價金乘上 1.06 倍，也就是 800,000 乘上 1.06，這是保證的部分。所以如果是後者，那麼拿回金額就是848000。

投資本來就是盈虧自負，但進入保單之後，大家的心理帳戶好像都不能賠。事實上，保證是一種需求也是一種服務，而且是需要花錢買的。

很多投資型保單在身故保證費用部分每年也會收取全權委託帳戶投資標的價值的0.5％，全權委託也是一種服務不是保證。例如，你不會投資，就找專業的研究團隊來投資，通常這部分是反映在投資標的的單位淨值當中，不另外收費的；另外對於投資標的的管理費有些還會收停泊帳戶的費用，這停泊帳戶就是按月撥回的費用。

保證是一個弔詭的承諾。每一個人聽到保證都覺得安心，但是如果是保證身故給付，身故時能領到一定金額（例如總保費）；當你保證給付是身故保額時，代表你買的會是變額壽險（有壽險成分的投資型保單），所繳保費中會有一定金額用在購買身故保障，就會降低用於投資的保費比重。所以這個保證不是在保障你的晚年，而是保障到你家人，因為保證會給你，只是等你死的那一天；如果跟你的期待是一致的，那很好；如果不是，必然影響你的退休生活（大多數的人都期待是活的時候有錢過生活）。

## 9. 母子基金的複合投資法

在投資市場中，我一直認為「紀律比報酬率重要」。為了要養大退休金的水池，過去也有很多的銀行推出母子基金，通常是單筆加上定時定額，或是做到停利跟加碼的機制。

在 2020 年下半年，我參加幾場復華投信的投資講座。除了跟現場民眾分享年金改革之下，自己存退休金的重要性；也進一步了解金複合母子基金投資法則，是可以兼顧紀律跟報酬率的機制。

做法是先把一筆資金投入比較保守穩健的母基金。例如前面章節提到平衡式基金、全球型債券型基金、多重資產配置基金甚至低波動的貨幣型基金都可以。

接下來就是要選幾檔子基金。子基金則是可以考慮波動大的基金；每月，電腦會自動把母基金的錢轉到指定的子基金中，當子基金到停利點，電腦又會把整筆的錢贖回母基金；下個月，子基金又會開始扣款，這樣的模式如果可以持續三到五年，或是更長的時間，一定可以參與到市場的景氣循環。至於考慮退休有每月領回現金的人，則是將停利金額按月贖回。

# 10. 零股

在2020年10月26日已開始實施盤中零股交易新制了，很多人以為是小錢投資，於是開始進場玩玩。其實零股只是單位數少、金額低，投資的心態，絕對不能因為資金少，就掉以輕心。

過去零股交易是在盤後，也就是股市收盤後13:40～14:30進行撮合，且僅進行一次的競價撮合交易，所以成交機會較小，價格較不透明，尤其盤後交易，少了臨場感。

為改善這些交易上的不便，盤中零股交易新制。

一、9:00股市開盤開始收單，9:10進行第一次撮合，每隔3分鐘競價撮合一次。

二、價量成交資訊是每10秒揭露一次。

在零股交易變革後，千金股、大型權值股……都不再是高不可攀。這些都是讓小資族能更容易跨進投資領域，用比較小的錢開始投資，一旦有投資就會開始關心市場，啟發投資興趣。

但是必須提醒買零股跟買整張股票的心態要一樣，不是因為花的錢變少了，就掉以輕心。

我的朋友王衡在談到零股交易時，比喻得好。因為目前是萬三行情，在高檔中，如果以房地產低利率以及零頭期款一樣的比喻，蛋殼區就像是千元存宏達電，蛋白就是低利率存銀行股，蛋黃就是存台積電。

我的建議是如果想要投資，還是先以大型龍頭權值股、或是ＥＴＦ比較適合。

# 第 5 章

# 中年過後的金錢觀——化整為零

當我們在準備退休金時候，也就是「養錢」的過程中，目標是小錢變大錢、化零為整、積少成多、聚沙成塔。但是當我們進入退休之後，就要反向操作，朝向「化整為零」的方向分散資產。一來細水長流，確保每月份的金錢支出；二來可以避免自己擁有大筆的金錢投資失利或是胡亂投資；三則是避免被親朋好友騙光。

## 1. 把資產「年金化」

因此把資產「年金化」就是一個重要的概念與策略。

甚麼是年金？

年金概念就是定義上的「一系列的定期付款」，但不一定都是以一年為一期，一個月、一季、半年都可以算是。例如：勞保年金，每月領一萬元，是一種年金；投保年金保險，不管是分期繳費或是季繳付費，只要進入年金給付期，就換成保險公司按月或按年給付年金給保險受益人，這就是一種典型的年金；也有人投保還本型儲蓄險，每年還本12萬元，也是一種年金。

購買債券型基金，每季或每月配息，也是創造一種年金化的現金流量。至於房屋出租、每月收租金，也是具備年金化的概念（只是擔心出租有可能中斷）。

當政府推出勞保年金的時候，的確是考量政府財政壓力，希望退休族不要一次提領，改為月領，降低財務壓力。事實上，這樣年金提領的方式，不但是有利於政府，對於民眾也是多有益處，因為月領將多於一次領，避免很多人拿了退休金做不良借貸或是錯誤投資，造成退休金損失。

市面上的商業年金險，就是具有「化整為零」的優勢。商業年金險可以躉繳，一次將錢進保險，未來在約定時間給付，或者可以分年將錢放進保險裡面。最重要的是，進入年金給付期之後，就不可退保或解約，拿回累積的價值。

簡單來說，就是把退休金的錢鎖在水庫裡，只能開一個小小的水龍頭慢慢流出來，我們自己不能隨時去拿水庫裡的水；相對的，別人也拿不到，或遊說我們拿出來。這樣可以確保，在退休時候，每個月有固定的水喝（錢用），無須擔心大旱水荒。所以，**年金險適合不善理財、怕自己耳根子軟，容易受人誘惑鼓動或不擅拒絕別人的人，將退休資產至少一半轉成年金型的資產，來為自己的退休金上一道保險鎖，也避免受到外在因素的干擾。**

東山可以再起，退休沒法重來。如果有買年金險，當別人問你能不能把退休金借他周轉的時候，你可以理直氣壯說「真的沒有錢」，而且不需要說謊，因為你戶頭裡真的沒有這麼多錢了；雖然有錢，也是放在保險裡拿不出來了。很多人中了樂透，一定會買這樣的年金險。目的之一是怕親人知道來借錢，因此把錢鎖在保險中；另一目的就是每年可以領生活費出來花費，不會擔心慾望這個無底洞把錢花光。

有很多人認為，如果中了樂透好幾億元，應該幾輩子都用不完，但是綜觀國內外，常常出現樂透得主，因為投資不當、荒淫無度，導致數年之後，打回原形，有的更是下場淒慘。這就是水庫大開，容易取用，終至彈盡糧絕。

年金也是對抗長壽風險的利器。不管是勞保年金或是商業年金保險，都是先以給付到平均餘命，來估算我們每一期可以領到多少錢。實際上，勞保年金可以一路領到死亡日；而商業年金則會設下年限，但是目前多半都是規定可以領到 105 歲或 110 歲，對於生存的保障相當足夠，而且過程仍然以當時的宣告利率來計息滾入保單價值。

過去廣告常見的「活得愈久，領得愈多」，這在年金概念上是真的。這也是把該筆資產存在銀行也享受不到這樣的效益，因為存在銀行同樣以22年來估算，每月可以領錢，到時候領到82歲，就會就把錢領光，但是，萬一那時依然健在呢？銀行是不會讓你多領1元。

市面上還本型儲蓄險還本金、債券型基金配息，以及房屋租金等工具，也都有類似年金對抗長壽風險的功能，只是原因、效果和風險各有不同。

還本型儲蓄險也是可以保證領到105歲到110歲，但是相對於年金險，**還本型儲蓄險是可以中途解約、領回解約金，所以相對於年金，資金靈活度高一點，相對上鎖功能低。**

至於債券型基金平均而言，可望報酬率會比儲蓄險或年金更好一些。所以給付過程中可以依據用錢的需要，隨時贖回部分本金，資金靈活度也是比較高一些。但是，**債券型基金和出租房屋一樣，過程中也可能要面對資產本身可能會跌價的壓力。**

## 2. 以「退休安養信託」作退休資產管理

目前市面上對於退休安養還有新金融趨勢，就是以「退休安養信託」作退休資產管理。

如果擔心自己身邊放太多錢，有容易被借、被騙、被用光的風險；而且擔心晚年很可能沒有親人在身邊；或是沒有可以信賴的親友在身邊，即便銀行有鉅款，或是買了高額的年金給付，但是晚年獨居的時候，要住進安養院，誰來幫你評估好壞？當你臥病在床或失智不能自行提款，誰來幫你付錢給安養院或外傭呢？交給親友，是否能長久倚賴呢？就算其中一位可以信任，會不會引來其他覬覦你的財富或是不信任她的親友不斷找她麻煩呢？！有這些顧慮的人就應該好好認識一下甚麼是「退休安養信託」，並可以評估將退休資產，至少一半交付「退休安養信託」來做專業管理。

目前退休安養都是銀行管理，因此被託付的自然人會死亡，但是銀行是法人，會執行你的資產管理，只是需要每年收管理費。至今，大家的接受度還低，但是隨著觀念演進，未來會慢慢成為退休金管理的新趨勢。書中提到的以房養老、留房養老都是有這樣信託的概念。

## 3. 晚年財產超前部署信託／安養信託

多數人大半生都在努力工作累積財富，期待晚年可以無憂無慮過退休生活。

但即使已經存到一筆退休金，在晚年如何確保財產不被騙；不被盜走就非常重要。把錢放身邊，怕退化失智、託付給好友、親友，也怕最後被信任所傷，因為「人」就是最大的變數。

過去聽過港星肥肥離開後，怕未成年的女兒繼承大筆財產會有人身安危及無法妥善管理，所以透過信託規劃方式，分期給付教育費、生活費。這樣可長期確保女兒都能衣食無缺的成長。

港星梅艷芳離世時，怕年老的媽媽無人奉養，也知媽媽會大筆揮霍她遺留的財產，最後也是透過信託分期給付方式傳達奉養的孝心。

我一位好朋友長年外派澳洲工作，為照顧獨居在台灣的媽媽，特定撥付一筆錢與銀行約定做他益信託，每月給付一筆孝養金還有看護費，希望媽媽能得到好的照顧也不用煩惱錢。

所以「信託」也是一項理財方式。首先信託基本有：

- 委託人（當事人自己）
- 受託人（銀行或任何信託機構）
- 受益人（自己或第三人）

加一名監察人就可進行簽約。監察人不一定是要律師、會計師才可以，你的親朋好友、閨蜜、任何人、社福團體都可以。監察人的功用就是監督及把關，一方面監督受託人有沒依照合約條款照顧受益人，一方面是對於委託人臨時費用或合約的修訂有同意權。

信託的概念：

你就是－委託人　標的－將錢或不動產　委託給　受託人就是－銀行　。受益人－自己或是想照顧的人。

信託條款是依照你想要怎麼做的方式，由銀行來為你量身打造文件。當簽約後銀行就會依照你提出的作法，在每個月或（固定期間）撥付一筆錢給你；作為日常生活、看護、醫療所需。

信託的受益人方式有分為自益信託、他益信託、公益信託。前面提到的委託人、受益人都是自己，這種稱為自益信託。

如果受益人是子女、親人或第三人就稱為他益信託。像我朋友的例子；想要照顧的是媽媽，稱為他益信託。

如果受益人是公益團體稱為公益信託。

所以做信託的好處當然是安全，還能依照自己的意願分配金錢，最重要的是避免任何被詐騙的風險。信託並非高資產族才能做，只要自己認為有需要就可以。至於信託金額多少可能各家銀行不一，可以多方詢問。

或許有人會問，把錢都交付信託，臨時想要動一筆錢去旅遊怎麼辦？豈不被限制住了？其實這就是信託至少要有一名監察人的原因，臨時款項可以由監察人指示做給付的，監察人的任務就是多一道把關的防線，確保你的支出狀態，否則如果不定期額外的錢支領太多，就會造成信託管理年期未到……但錢卻已花光。

享受信託的服務，付費是當然的，基本上信託有三筆費用：

1. 簽約費：簽訂時一次收取，一般標準化的約 2,000～5,000 元左右，複雜的程度愈高，收費也高些。
2. 管理費：年費大約 0.3％～0.5％，看各家銀行訂定的標準。
3. 如果要修改契約，會酌收修訂費約 1,000～2,000 元。

這三種非用會視財產的多寡而有些差異，可以在銀行詢問清楚。

第6章

# 以房養老、
# 留房養老、
# 賣房養老哪個好

房子是人生中最大的一筆資產。早年有人說買個房子當包租公（婆）等於是養一個啞巴兒子，在退休時候，每個月把房租奉上，比兒子還準時孝順；後來，房地產走大多頭行情，行情看回不回，買房自住已經大不容易，更何況要多買一屋當包租公（婆）。但是自住的房子，在我們老後，到底要留、要賣，很多人都有這個困擾。

台灣的自有住宅率大概是85％，顯示大家「有土斯有財」的觀念難以撼動；到了晚年，如果擁有一間自有住宅，將是養老最大的一筆依靠。

## 1. 單身適合以房養老

運用「以房養老」活化資產，是一個新選擇，尤其單身沒有小孩者，最適合將畢生買的房子用在自己的晚年。

「以房養老」名稱叫做「不動產逆向抵押貸款」。以前是拿房子跟銀行貸款，每月繳錢給銀行，直到全部清償完畢。而以房養老是你拿房子去跟銀行貸款，每月跟銀行領一筆錢，等上天堂後銀行會拍賣房產清償。因為貸款模式相反，所以名稱中多了

「逆向」二字。

目前銀行承做，適合的要件，年滿60歲銀髮族群，擁有建物所有權，就可用房產向銀行借錢，每個月領取固定的收入，作為自己的養老經費，或者是追求更好的退休生活，環遊世界的基金，目前國內銀行有辦理「以房養老」的多以官股行庫居多，合庫、一銀、土銀、華銀、台銀、台企銀、兆豐……

只是，過去銀行要推廣該項業務，總是會舉「特殊」的案例。例如，標題是李老太太，將房屋逆向抵押，每月爽花20萬元，但是仔細看內容，李老太太住在大安區的房子，而且反向抵押10年，因為地段好、抵押年限短，因此每月的金額高得令人羨慕；如果地段在蛋白甚至蛋殼區，抵押年限需要30年，這樣的錢就會差很多。

## 2. 現金流是穩定而非固定

一般來說「以房養老」最高貸款成數7成，但是實務上你的房產能貸幾成？還是看房屋路段、屋齡等條件來鑑價而定。如果房子位於偏遠、地段差或屋齡老舊，非六都的房屋，就可能會大打折扣；而以房養老，每個月銀行支付給你的收入，在一段時間之後，因為內扣利息支出，金錢是會減少的。

以下我用如何以房養老舉例說明：

假設以房養老的房產額度 960 萬元。貸款年限為 20 年。

- 每月銀行給付新台幣 40,000 元。960 萬分成 240 個月（20 年期 × 12 個月）。
- 利息：假設利息總費用率 1.76% 計。40,000 元 ×1.76%÷12＝58.5 元（月扣）利息。以此類推……逐漸減少。

第一個月可領 40,000 元。

第二個月實領 39,941 元（40,000 － 58.5 利息內扣）。

第三個月實領 39,883 元（40,000 －（58.5×2）利息內扣）。

隨著銀行撥付的貸款本金增加，每月需扣除的利息也會逐步增加。目前多數銀行是訂定扣息上限為月撥付金額的 1/3，其用意是讓月領可以維持基本生活。以本例月領 40,000 元，1/3 大概落在 13,000 元，所以從第 223 期～ 240 期止都領 27,000 元

## 圖表 9：以房養老，實領金額會愈來愈少

| 期別（月） | 本期撥款 | 累計撥款 | 利息 | 掛帳利息 | 累計掛帳利息 | 實領金額 |
|---|---|---|---|---|---|---|
| 1 | 40,000 | 40,000 | 0 | 0 | 0 | 40,000 |
| 2 | 40,000 | 80,000 | 59 | 0 | 0 | 39,941 |
| 3 | 40,000 | 120,000 | 117 | 0 | 0 | 39,883 |
| 4 | 40,000 | 160,000 | 176 | 0 | 0 | 39,824 |
| 5 | 40,000 | 200,000 | 235 | 0 | 0 | 39,765 |
| 222 | 40,000 | 8,880,000 | 12,965 | 0 | 0 | 27,035 |
| 223 | 40,000 | 8,920,000 | 13,000 | 24 | 24 | 27,000 |
| 224 | 40,000 | 8,960,000 | 13,000 | 83 | 107 | 27,000 |
| 225 | 40,000 | 9,000,000 | 13,000 | 141 | 248 | 27,000 |
| 238 | 40,000 | 9,520,000 | 13,000 | 904 | 7,424 | 27,000 |
| 239 | 40,000 | 9,560,000 | 13,000 | 963 | 8,387 | 27,000 |
| 240 | 40,000 | 9,600,000 | 13,000 | 1,021 | 9,408 | 27,000 |

（40,000－13,000），後面的利息就掛帳（利息欠款 9,408 元就會等合約到期拍賣房產抵帳）。

（參考圖表 9）

如果大家更清楚知道以房養老，接下來就要分析其中的優缺點。我個人覺得優點：

- 讓當事人可以在自己最熟悉的自宅安享天年。這點對老年人很適合，因為是熟悉的居住環境、老鄰居，我很喜歡在自宅老化。
- 房子帶不走，透過活化資產每月可以拿到穩定的現金流，用自己畢生賺的錢來養自己，相對減輕小孩對父母的奉養支出。

缺點就是，房子的區段是現實的問題。通常銀行估價會七折八扣，還有因為利息內扣，一般來說，領了10年之後，會明顯感受到每月領金額的減少幅度；另外，當利率上漲因素，每月領的錢就會變少。

現實來說，對於退休金不充裕的人來說，以房養老是可以得到每月的現金流入當生活費，但有很多父母親都會覺得心有不忍，尤其是擔心下一代買不起房子，因以房養老之後，兒女的繼承就會泡湯。為了家庭和諧，還是事前商量有共識是最好，很多銀行在承辦以房養老業務，還會要求出具子女同意書。

當然，以房養老之後，房子就會歸銀行，如果子女要繼承，也並非不可以。以房養老是把房子拿去辦了「貸款」，不是將房產「過戶」給銀行，所以房產所有權人仍是當事人。一旦當事人上天堂後，以房養老的房子還是可以由房子的繼承人做選擇：

- 如果覺得房產有留念的價值，把貸款及掛帳利息全清償掉，房產就歸繼承人所有。
- 如果不想繼承，那麼銀行就會拍賣房產來清償貸款，如有剩餘的還是會交給繼承人。假設本案例貸款 960 萬，最後以 1,000 萬賣掉，銀行會結清所有費用後，把結餘款30多萬撥付給繼承人。

## 3. 多屋者考慮留房養老

在以房養老推出之後，很多銀行聽到消費者的顧慮，想要把房子留給子女，於是推出「留房養老」。這是一種包租代管的方式，由屋主把房屋的產權跟租金交付信託，保住房子，也確保每個月收到租金。

留房養老的人可能有一間或是多間房子。多間房子的人，要收房租是個麻煩事，交由銀行信託，包租代管，確定把錢交給當事人；至於有一間房子的人，因為名下房子可能沒有電梯或是交通不便，但是想把房子留給子女，也可以透過留房養老方式，把房產交由銀行信託，確定把錢匯付自己住的安養中心。當然這部分要負擔成立信託的相關費用。最後這些房子，都會留給遺產繼承人。

## 4. 賣房養老因人而異

如果覺得以房養老的額度被銀行七折八扣划不來，也會有人想要賣房養老。我的以前一位鄰居，把市中心的房子賣掉，搬到林口，現金套出2,000多萬元，她把2,000萬元，買了4～5%的投資商品，一年利息130萬元，一個月有10萬元的生活費供使用。

我另外一位朋友，想要賣掉房產約1,500萬元，作為25年使用，換算每個月可用資金50,000元，來支付房租跟生活所需，但是這樣的風險太大，我比較不建議。首先是租房問題：現在房東也不太願意租給老人，擔心怕發生意外，如果想住養生村，花費又會比租房高。

養生村（以長庚為例）

房型：（15坪1房1廳），每人每月20,000～24,000元，保證金25萬。

房型：（22坪1房2廳），每人每月29,500～34,000元，保證金34萬。

其次，有了一大筆錢，則會有保管運用問題。現在定存利息低，利息無法抗通膨，如果沒有妥善管理好，不管是投資失當或是被詐騙，風險太大。

這幾年，銀行都在推「信託」，這是一個趨勢。過去聽到信託都以為那是有錢人才會需要，或是大老闆錢多到爆炸才需要信託。

其實不然。做信託的好處當然是要安全，只要自己認為有需要就可以。將一筆錢委託給銀行做管理信託，約定每個月由銀行撥付一筆錢給你做為日常生活所需，就是專款專用的理念。將你的錢由銀行來把關，沒有機會被借錢、詐騙，確保你的錢可以按照你的計劃，讓你安然度過退休的晚年生活。

第 7 章

# 無債進入退休生活

很多人知道無債一身輕，對於準備退休的人來說，更是重要。最近，我看到媒體大幅報導房貸成數提高、房貸年限拉長，實在不是好現象。奉勸**大家一定要無債進入退休生活**。對於很多父母親，喜歡在退休前買房子、買保險送給孩子，但是卻又說「我只幫你們繳費到現在，之後，你們自己繳」，這種帶有負債的禮物還是不送為好。

## 1. 房貸延長的陷阱

最近看到新聞，房貸的貸款成數：過去至多7成，現在有8成，甚至9成。貸款年限：過去慣行的20年，現在有30年期，甚至40年。貸款成數拉高，在買房自備款上，自然降低了進入的門檻；至於貸款年限拉高，降低每月還款金額，也減輕還款負擔，但是算一下帳，利息的支出，會令你大吃一驚。

現在銀行還房貸方式常見的有「本息平均繳」、「本金平均繳」，但一般銀行承做仍以「本息平均繳」的居多，這也是最多民眾的選項，每個月繳款金額固定不變，也比較好預估家中的現金流。雖然本金＋利息，總額一樣，但隨著償還本金愈來愈

## 圖表 10：（本息平均攤／20 年／30 年）比較表

| 20 年 | | | | | |
|---|---|---|---|---|---|
| 期數 | 月付本金 | 利息金額 | 本息金額 | 本金餘額 | 累計利息 |
| 1 | 34,324 | 12,000 | 46,324 | 9,565,676 | 12,000 |
| 2 | 34,367 | 11,957 | 46,324 | 9,531,309 | 23,957 |
| 3 | 34,410 | 11,914 | 46,324 | 9,496,899 | 35,871 |
| | | |  | | |
| 238 | 46,151 | 173 | 46,324 | 92,579 | 1,517,691 |
| 239 | 46,208 | 116 | 46,324 | 46,371 | 1,517,807 |
| 240 | 46,31 | 58 | 46,429 | 0 | 1,517,865 |
| 總計 | 9,600,000 | 1,517,865 | 11,117,865 | 0 | 1,517,865 |
| 30 年 | | | | | |
| 1 | 21,132 | 12,000 | 33,132 | 9,578,868 | 12,000 |
| 2 | 21,158 | 11,974 | 33,132 | 9,557,710 | 23,974 |
| 3 | 21,185 | 11,947 | 33,132 | 9,536,525 | 35,921 |
| | | |  | | |
| 358 | 33,008 | 124 | 33,132 | 65,928 | 2,327,184 |
| 359 | 33,050 | 82 | 33,132 | 32,878 | 2,327,266 |
| 360 | 2,878 | 41 | 32,919 | 0 | 2,327,307 |
| 總計 | 9,600,000 | 2,327,307 | 11,927,307 | 0 | 2,327,307 |

多，後面利息也會愈來愈少。

我不贊成房貸延長至40年，因為我們最可能購屋的年齡會在35歲左右。35隨剛好是適婚年齡，可以兩人賺錢，共同繳交房貸，繳了40年房貸的年紀是75歲；到時候，帶著房貸進入退休是可怕的壓力，而且還把房貸債務轉嫁到孩子身上，非常不智。至於貸款期間20年？30年？差在哪裡？

舉例：房子總價1,200萬，自備款2成，貸款8成，貸款金額960萬元，總費用年率1.5%。

從圖表10可以看出，同樣以【本息平均攤還】方式，20年利息支出1,517,865元，30年利息支出2,327,307元，差距809,442元。

以40年計算，第一期月繳26,609元，40年的利息共支出3,172,029元，是20年房貸的1倍。

## 圖表 11：（本金平均攤／20 年／30 年）比較表

| 20 年 | | | | | |
|---|---|---|---|---|---|
| 期數 | 月付本金 | 利息金額 | 本息金額 | 本金餘額 | 累計利息 |
| 1 | 40,000 | 12,000 | 52,000 | 9,560,000 | 12,000 |
| 2 | 40,000 | 11,950 | 51,950 | 9,520,000 | 23,950 |
| 3 | 40,000 | 11,900 | 51,900 | 9,480,000 | 35,850 |
| 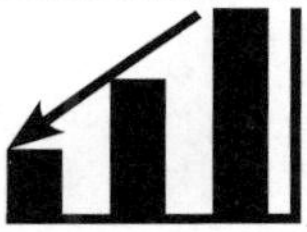 | | | | | |
| 238 | 40,000 | 150 | 40,150 | 80,000 | 1,445,850 |
| 239 | 40,000 | 100 | 40,100 | 40,000 | 1,445,950 |
| 240 | 40,000 | 50 | 40,050 | 0 | 1,446,000 |
| 總計 | 9,600,000 | 1,446,000 | 11,046,000 | 0 | 1,446,000 |

| 30 年 | | | | | |
|---|---|---|---|---|---|
| 1 | 26,667 | 12,000 | 38,667 | 9,573,333 | 12,000 |
| 2 | 26,667 | 11,967 | 38,634 | 9,546,666 | 23,967 |
| 3 | 26,667 | 11,933 | 38,600 | 9,519,999 | 35,900 |
| 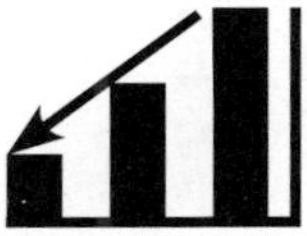 | | | | | |
| 358 | 26,667 | 100 | 26,767 | 53,214 | 2,165,900 |
| 359 | 26,667 | 67 | 26,734 | 26,547 | 2,165,967 |
| 360 | 26,667 | 33 | 26,580 | 0 | 2,166,000 |
| 總計 | 9,600,000 | 2,166,000 | 11,766,000 | 0 | 2,166,000 |

從圖表11可以看出，同樣以【本金平均攤還】方式，20年利息支出1,446,000元，30年利息支出2,166,000元，差距720,000元。

由圖表11中可以看出，本金平均攤還繳，由於是本金按年期平均攤，再加計利息，所以每月還款金額比較高，要看個人的能力。這方式銀行會少賺利息，所以也比較少承做。而不管是用「本息平均攤」、「本金平均攤」的方式，貸款期間長一定比期間短的利息多了很多。

房貸的貸款年限，我覺得30年都嫌久，更別提40年，而台灣過去的平均還房貸的年限大約10年，也就是當適度的壓力時候，大家的選擇會儘快還完房貸，落得無債一身輕的快感。

當我們進入退休生活，最好的方式就是不需要再繳房貸。退休之後，工作收入減少，如果有負債生活，將會拖類生活品質。

## 3. 不要送孩子有貸款的房子

但是有愈來愈多的父母親，希望在有生之年，給孩子協助。有的人會幫孩子買保險，當孩子工作的時候，希望給孩子一點壓力、一些責任感，要求孩子「自己繳保險金」，很多孩子是拒絕的，父母親也會很受傷，認為送禮物給孩子，卻遭孩子拒絕，而感到傷心難過。但是父母親沒有想過，這不是單純的禮物，這是附有負債的資產，有條件的禮物，收禮物的人當然可以拒絕。

## 4. 好的動機不一定會帶來好的結果

我身邊就有傷心的媽媽，幫孩子買一堆保險。初期，都是幫孩子交保險金，後來，自己教職退休，孩子也長大了，有了穩定工作。她給孩子的3張保單，並囑咐孩子以後自己繳費，反正，受益人都是孩子自己。但是孩子拒絕，不要繳這些保單。孩子告訴媽媽「我需要的保單，我自己買，我不要繳這些錢」，還好，朋友中有好的理財顧問，發現有一張保單是進入還本型，於是跟孩子溝通，可以把還本型的保單拿去繳付另外兩張保單費用，這樣才平息一場「禮物戰爭」。後來，朋友跟著媽媽一起教導孩子熟悉保單內容，也算是一個很好的理財教育。

我的一位聽眾朋友，媽媽幫她買保單，也幫她交保費，媽媽是要保人，成年之後，她工作有收入，主動跟媽媽說，自己保單自己繳費；後來，有一天發現媽媽有負債，當時媽媽幫她買的保單，雖然後面是自己繳費，但是要保人沒有改自己的名字，還是媽媽的名字，於是媽媽的負債導致保單被法院強制解約。當然，她孩子也拿不到解約金。

送房子給孩子，但是只幫孩子交了頭期款，這也是一種帶有負債的資產。這樣的禮物，孩子也未必收得歡喜，因為送禮物要送得甘心，收禮物的人也要收得開心。有負債的禮物，會讓人擔心。

我看過父母親希望孩子住得離自己住家近，於是在家附近，幫孩子買房子，當然也會協助負擔頭期款或是部分的房貸。等到自己退休了，孩子也成家立業了，便將這帶有負債的資產，送給孩子。孩子若能體貼父母的心意，而且付得起房貸，自然是歡喜結局；但是其中，卻出現太多活生生的例子。例如，送給孩子的房子，離孩子工作地點太遠，上班不方便；還有，房貸利息超過孩子的負擔，孩子要犧牲生活品質，或是不敢生養小孩，來負擔房貸。

我還聽過，媳婦不喜歡、女婿不喜歡（住太近）等等理由；也有長輩面臨要孫子還是要房子的糾結，因為孩子說，付了房貸就付不出生小孩的保母費。總之，我聽過的例子中，8、9成都令人遺憾。

買房子送孩子，一般來說都忽略了很多成本，房子除了自備款，還有裝潢費、家具費；買了之後，本息的攤還、管理費、地價稅、房屋稅等等。如果要管理財務，我建議房貸不要超過房屋總價的7成。有了房屋貸款，一般家庭的總負債不要超過總資產的5成，本息的攤還也不要超過家庭固定收入的3成，這才是安全的財務品質。如果父母親送的不是單純的禮物（有貸款的房子），那就要考慮到孩子的購屋規劃跟負擔的能力。

第8章

# 我如何做到了財務過關

回首我在中年不懼不憂的關鍵在於，**財務的過關**。

我出社會，在報社工作時候，我一直期待我的年收入以突破100、200、300……為目標。因為在報社工作，包括工作的收入跟獎金，大概到100萬就會卡關，更別提再往上躍升；尤其報社經營後期已經辛苦，過去三節獎金加上年終，最多有到4到6個月；後來媒體經營江河日下。我記得有一年，報社的年終獎金是0.4個月。媽媽還說，怎麼這麼少？以前不是都有好幾個月？我說「那你把0.4換算一下12天，有沒有比較安心一點」，媽媽真的認為比較安心。

離開報社之後，在電視台主持節目，收入高出很多，因為每集的節目都以萬起跳。如果是帶狀節目（每天都有），收入更高且穩定。

當然電視台主持的壓力龐大，如果收視率不佳被檢討，絲毫不留情面，也有擔心電視台不續約的心理壓力。

我記得當時在我竄起螢幕時，很多記者訪問我，問我名跟利的順序？怎樣才可以名利雙收？我的回答是要先有機會，沒有機會，甚麼都沒有。如果我沒有當過記者，我沒有認真經營新聞，我不會受邀上談話性節目通告；如果沒有準備好內容，我不會被看見，由通告咖變成主持人；變成主持人之後，如果沒有潔身自愛、維持自己形象，不會有廣告代言。也因為這樣，我才能夠在收入上，繼續向上闖關。

很多人都知道一旦接到代言，大約可以抵上一年或是更多的收入，但是代言並不容易。我記得我接過很多代言，印像深刻的是資生堂，他們事先已經收集我的資料，之前還需要跟我面談，確定我符合品牌的內涵；還有安聯保險，他們是國際大公司，要求嚴格。在我代言之前，不但先跟德國老闆面談，還要先考上保險人員的資格考。我後來考過人身壽險、投資型保單、外幣保單三張證書，雖然投資型保單考了兩次才過關，但是已經超過他們的要求。我們也有非常好的代言結果。

收入到達高峰，當時我期待的就是記事本滿滿的通告跟外部演講主持的活動安排。如果記事本當天甚至當周是空白的，我會擔心甚至焦慮。因為跟一般人一樣，我有房貸、有孩子要養，擔心孩子教育基金以及自己的退休金沒著落的各種壓力。一般上班族有固定的現金流入，穩定安心，而我的現金流時而大水，時而乾枯。這是不同工作形態下的結果，各有優劣。

除了工作收入，投資部分一直持續進行。其實，投資部分，我也不是得天獨厚，也沒有奇蹟。回想過去青澀的投資經驗，現在來愚蠢好笑，又極為白癡自大，但是如果沒有這樣的歷練，轉換為成長的養分，我也不會在投資路上，持續前行。

## 1. 我的青春投資夢——坐以待幣

年輕時候，我的最大心願就是「坐以待幣」，期許在修練投資這個第二專長之後，能夠坐在家裡，等待新台幣。

進入中時晚報工作，我開始接觸股票投資市場。那時候的我，完全看不懂專業財經報紙的經濟日報或是工商時報。有一天，發現力霸這家公司很有名，有百貨公司、有鋁門窗。我研究之後，發現股價便宜，之前也都沒有上漲，我期待自己能夠揭開我發掘潛力股、賺大錢的序幕。我用了當時僅有的積蓄買了5張，等很久之後，股價上漲1元，我的5張股票共賺5,000元；同一時期，我的同事告訴我，投資不是這樣的，要買農林、台鳳，才會賺錢，我趕快賣了力霸，買農林、台鳳；但是之後，又有人說，要買尚德，我又趕快賣農林。總之，我像一隻小老鼠，每天忙著買進、賣出，因為當時錢不多，不賣也就沒有錢買新的股票。

當時投資股票，很像小時候玩的「過五關」遊戲，一條路走不通，換下一條路。我因為當記者關係，很快知道跟著主力走的獲利模式，當時主力可以呼風喚雨，直接告訴我「股票買下去，明天就不用上班」。當我把股票買下去，隔天看到股票漲停板時候，我堅信，明天還要上班，因為這樣，才會天天有股票明牌、天天可以賺漲停板。有幾回跟老同事談這一段黃金歲月時候，我還會幾度懊悔，當時不應該只買3、5張，應該買300、500張，才能夠不用上班。

在主力投資時代，有很多人（包括我在內）也會被主力騙。主力常常透過記者把消息放出去。因此也會由主力處聽到刻意放出的假消息，主力報一支明牌，結果隔天大跌，還連跌好幾天。當時也只能想說投資總是有賺有賠，摸摸鼻子，自認倒楣，但是一次「支票事件」，卻讓我賺錢投資夢一夕破碎。

我是個喜歡找問題發問的人，跟過去當記者的習慣有關係。有一次，主力報我明牌，我立刻下單買進。之後，我連續四、五天打給主力問好，順便問一句「今天要賣股票嗎？」，那天主力回答我的話，我至今沒有忘記。他說，「你每天問我要買甚麼股票，買了之後，問我甚麼時候要賣，這樣很麻煩，乾脆，你要多少錢，我開一張支票給你好了！」我嚇傻了，忘記當時的回答，但是深深覺得被羞辱。儘管主力說的接近事實，但是我知道，靠人買賣股票，竟是像乞丐一樣，跟人伸手要錢般的不堪。

「支票事件」對我的影響很大。我當時還沒有辦法掌握股票投資的訣竅，但是至少確定一件事，那就是自己聽明牌之後，要能夠自行判斷賣出的時機點。只是「支票事件」之後，過了7年，發生「權證事件」，又讓我再跌一次跤。我永遠記得國內第一檔權證的發行時間跟標的（民國86年，國巨發行第一檔權證），因為我有扎扎實實的參與。當時公司讓我參與這檔權證認購，我買入之後，又開始問財務長要不要賣出權證，後來自己下定決心要「長期投資」，結果是自己吃了「歸零膏」，所有金額歸零。後來，我擔任很多次權證的投資宣導，因為我真的是前輩。

還有當年投資未上市股票也讓我大大失血。由於未上市股票的資訊封閉，我也是一樣的聽別人報牌，然後透過盤商買進。去年打掃家裡，意外由抽屜中發現一疊股票，兒子問我，「這是甚麼？」我回答「壁紙」，因為現在都不值一毛錢，公司根本已經消失。我記得當時都是由「好朋友」叫我買的。有一個好朋友過去是我的報社同事，到某家公司任職之後，叫我買他公司的股票，後來發現，是他把手上已經不值錢的股票，高價賣給我。這一事實，很多人都為我叫屈。

有人說「十年磨一劍」，也有人說「台上十分鐘，台下十年功」（這點因為我自己工作常常需要面對大眾，我自己很有感觸」。在投資上，我更發現修練的時間要更長。如果**有人告訴你一個訣竅、一個好方法，那絕對是騙你的，投資功力需要在動態中磨練，靜態中不斷的修練**，這樣才可以在投資路上持續前行。我正是經歷「在教訓中獲得寶貴的經驗」的過程，慢慢地找到一個自己適合的投資工具與方法。

後來因為我先生進入投信公司工作緣故，所以不能投資股票，如果要投資必須意先報備，因為怕麻煩，我也就將股票清空，進入共同基金投資。基金投資的好處就是可以小錢進入，累積成一筆大錢，所以孩子的教育基金，我以小額方式分批介入，累積8年、10年都有相當可觀的金額。我發現，當時因為掌握趨勢，而且投資亞洲、歐洲以及金磚四國，都是在起漲時，而且孩子的帳戶只進不出，因此累積了孩子的教育基金。

## 2. 運用槓桿 大膽換屋

我在民國81年結婚。當時與公婆一家人同住。因為婆婆的很多房子出租中，我們居住的房間生活空間太小，婚後又很快懷上孩子，於是先生決定買新屋。當時我們選擇預售屋，先負擔訂金跟簽約金，等到房子蓋好，再負擔房貸；房子預計要蓋4到5年，我們希望在這5年中，趕快存錢繳房貸。

果然在購屋的目標之下，我們一切的樽節開支行動都甘之如飴，也順利生了小孩，搬進新屋。搬進新屋也是力行簡約生活。當時因為靠近娘家，媽媽幫我帶小孩，還常常叫我回家吃飯、幫我帶便當，讓我省了一大筆的開銷；後來，20年的房貸，我提前在不到10年還完了；當時，我以為我真是太厲害了；後來發現，當時大家平均還清房貸的年限是7年多。顯然有目標跟有適度的壓力，是提早還清房貸的兩大原因。

孩子長大了，需要獨立的房間，我跟先生也需要有各自的書房，於是我們積極的尋換屋，希望換大一點的房子，也希望擠進台北市。在換屋過程中，我們看了很多房子，也因為工作關係，包括戴德梁行顏炳立、台灣房屋彭培業都陪過我看屋；後來，台灣發生SARS，我當時因為還在報社工作，報社離和平醫院很近，每天工作都很驚嚇，還好當時妹妹在3M工作，有提供N95口罩給員工，妹妹讓給我用。我每天都規定一家穿著T恤、長褲，回家時脫在們口洗衣籃中再進門洗澡。把衣服每天清洗，確保健康。

我最瘋狂的是戴著口罩去看屋。當時還有媒體拍到我，還下一個標題說我要錢不要命，戴口罩看屋。事實上，是我的前手屋主決定盡快出脫房子，我也很快下了決定。

這一次大膽換屋，對我來說，是一個很重要的決策，也影響我的退休人生。我記得，我當時一位好友，跟我一樣換屋，我們賣屋的金額都是1000萬出頭，他去換了更郊區700萬元的房子，留下300萬元現金；我去換了近3000萬的房子，當時壓力頗大，因為總價高，而且貸款7成，每月的房貸壓力是過去的3倍。但是我相信房地產跟景氣在疫情過後會有大反撲，就算如果繳不出房貸，要賣屋也不至於會賠錢；後來，春暖花開，疫情散去，我簡單裝潢房子，開心入住。

因為我自己換屋成功，也相信房地產將會上揚。當時很多雜誌包括今周刊、智富月刊都有房地產講座，我也樂於參與，鼓勵大家可以在低檔置產。我不但賺了很多講座主持費，也賺到很多投資人的一聲謝謝。

我的房子後來當然在後來的10多年中，大幅增值。我的鄰居在2年前出售的時候，已經是超過我的買價2.5倍半以上，但是我想到我的朋友，他換購的700萬房子，因為屋齡久了，10多年並沒有增值，而他的現金300萬元，因為出國旅遊以及花費在毛小孩身上，早就花光。他一直告訴我，後悔沒聽我的話大膽一點換屋。

在退休規劃中，就算再不濟，把房子賣了就是一筆可觀的退休金；在對的時機點，用槓桿大膽換屋，在老的時候就是退休非常重要的來源。

## 3. 沒有亂買保險，不變成女神卡卡

工作累積金錢，學會投資、大膽換屋之外，我也要特別提一下，台灣的投資人很喜歡買保險．

因為買保險把自己變成「女神卡卡」的人大有人在；因為買太多保險，錢都卡住，自然沒有錢投資或是做買房資金。

我過去一位電視製作人就是一直喜歡買保險。她認為這是簡單有又安全的投資，有一次聽她說，保單超過23張，她跟本沒有錢買房子。

我的保險顧問是陳敏莉，我們年輕都相識。過去我常常麻煩她說「幫我規劃一個保險，跟你老公一樣」或是「跟你小孩一樣」就好。她總是會不厭其煩地告訴我，雖然我們家庭很像，但是想法還是會不一樣。她都會很有耐心地跟我說，出來喝咖啡，我講給你聽。她是數學系，又是虔誠的基督徒，對我有極大的耐心，我也受她的影響很大。了解先把保障做好，不會買一大堆保單，把錢卡在保險中。我一直認為，她是一個具有財務概念的壽險顧問，而且還是好閨蜜，不會因為一直賣保單而忽略人生的規劃，她對我的保單跟我的退休人生都有很大的幫助。

讀後筆記：

# 第2部

# 找個理由來退休

第9章

# 為退休找個理由

**人生不是一場永無止境的馬拉松，中年過後，慢慢地要為自己找一個退休的理由。**

我是一個非常喜歡工作的人。

目前為止，只有兩次動念想退休。一次是2000年，我到網路公司上班，當時網路公司老闆給我100張股票的認購權，當時有關於.COM的股票都有上千元的潛力。我抱著股票，想著股票值沒有1億，也有7、8千萬元，我就退休。那一年，我37歲，算是符合當時環境40歲就退休的成功指標。

網路泡沫，我的股票也不值錢，終究沒有提早退休。之後，我努力工作，也在電視台主持財經節目，也有很好的經紀人協助我，再也沒有退休的想法。

一直到2004年的一個夏天，我帶孩子到美國遊學。因為孩子將要上國中了，那一年的暑假，我希望玩得開心，也希望他們可以多一點時間學習英文。剛好我的好友秋芳在德州有大房子，我們省了住宿費，還幫我找了籃球營、棒球營等很多夏令營的活動。孩子們都玩得很開心。

後來，經紀人叫我無論如何趕快回台灣，因為當時我跟謝震武在中天開了一個節目「今晚哪裡有問題」。我開節目不久，因為暑假到來，也就帶著孩子飛到美國遊學。當時因為經紀公司有找人代班，我並不知道事情很嚴重。後來，我聽經紀人的話，自己先回台灣，搭上飛機，看到民生報非常開心，立刻找到機位，翻開報紙，卻發現自己上報了，斗大的字寫著「夏韻芬工作忙碌，主動請辭主持人」。我只記得那一天的飛機飛好久，我吃不下飛機餐，也沒有看電影，更睡不著。17小時的飛行時間，腦袋一片空白。

我回到台北跟經紀人談起這一段時，大哭了一場。當時說過我要退休，那一年，我41歲。後來是非凡新聞台的好友美華、曉梅叫我我專心在財經領域主持，才漸漸打消退休的念頭。

從此，我不曾提退休，也未動過念想要退休，為了要拚出更亮麗的台上風景，也是印證自己的不服輸個性。儘管如此，上天，還是給我退休的預備曲。

## 1. 老天爺找的退休預備曲

2013的一場車禍，導致大腿股骨斷裂，斷腿意外揭開我的退休序曲。當時還有電視主持跟廣播主持的合約，但是我開刀、住院就折騰月餘，腿傷之外，牙齒、女性婦科都需要治療；之後，坐著輪椅，寸步難行；接下來就是長期的復健工作。我一直焦慮不能站起來，因為不能站就無法移動，也無法主持節目。那時候，節目變少，有一種fade out的感覺。那是主持電視的一種呈現方式，當片尾時候，燈光慢慢變暗、聲音愈來愈小，終至消失……而我也感覺，我的主持工作開始這樣的漸漸消失。

同年7月，我努力復健，因為那一年，我在政大念完EMBA，要參加畢業典禮，並且要代表畢業生致詞。我努力復健，終於在同學協助下，拄著拐杖上台。當我又回到燈光下，我的內心澎湃、淚水不止。除了畢業的激動，我感受到燈光聚焦的熟悉感，只是，我知道，這樣的機會不多了。我唯一還能做的就是在錄音室主持廣播，電視台已經離我很遠。

8月，我的閨蜜小真一家人由法國回台，我們一起去台東小旅行，沒想到，在三仙台，我的大腿鋼釘斷裂。我因為疼痛強大，必須全身固定，坐了2個多小時的救護車回到台北開刀。當時身體疼痛，救護士一路叫我保持清醒，不可以睡覺。由於我們剛吃完午餐即赴三仙台，就算是全身巨大疼痛，依然會有尿意，但是救護士不敢鬆綁，叫我直接尿。當時車上司機、救護士都是男生，包括先生兒子也是男生，我糾結的心終於崩潰，自尊心強大的我，放聲大哭。後來回想，如果人間有地獄就是這一遭，身體的疼痛跟心理的煎熬都是地獄般的受罪。

2次斷腿之後，我工作的spotlight完全滅了，我又重新開始開刀、復健。這一次，媽媽跟妹妹全心全意照顧我，媽媽每天煮飯給我吃，妹妹更像是我的專屬看護，寸步不離，包辦一切上廁所、洗澡、換藥、督促復健的工作。對於妹妹的付出，畢生都無以回報，她也成為我的心靈導師，叫我降低工作量，維持身體健康。

後來，我發現，如果沒有1年2次斷腿，5年經歷3次開刀（包括把鋼釘取出來），我的工作事業銳減，我不會想到退休，更不會開始規劃跟安排生活。

## 2. 開啟慢節奏人生

我記得今周刊的記者林芷揚這樣描述我：**理財專家夏韻芬將工作職涯規劃得密不通風，一年到頭沒一天休息，讓自己像個陀螺般轉個不停。不只是拼命想要賺錢，這更是夏韻芬自己的個性使然，然而快節奏的步伐卻在一場車禍下被迫停了下來。**

**因為大腿骨骨折，緊湊人生不得不調降速度。一開始這對她來說真的很折磨，但是卻在一天天的臥床沈思當中，另外開啟了慢節奏的人生。「車禍之後，我慢了下來，收入少了但時間多了，我有空閒的時間去學畫畫、做公益，開始做那些我早就想做，卻總是『沒時間』做的事情。」看起來像是遇上了人生的難關，但她破關卻破得漂亮無比。**

我跟這位小女生聊得很開心，她年紀輕，但是有聰慧敏捷的心思，也有著好文筆，很快在咖啡時間中，看出我的轉變。

我喜歡工作，勝過於賺錢，這點，很多人不易理解，但是我的確是先喜歡工作，喜歡工作帶來的樂趣跟成就感。最後，金錢自然到手。

過去新聞工作中，很多主管都希望我「升官」，協助行政跟管理工作，但是我喜歡的是記者工作，每天接觸不同的人跟事，接受不同的挑戰；有電視台老闆希望我進入體制內工作，但是我還是希望在外面呼吸不同的空氣。對於新的工作，我總是先想有不有趣，而不是先考慮多少金錢報酬；我過去協助兒童理財營，帶孩子看卡通學理財；後來，有孩子抱住我的大腿，告訴我，以後賺錢會分給我。這當然是玩笑話，卻給我很大的鼓勵，讓我投入兒童的金錢教育。

我也協助偏鄉的孩子進行金錢教育。後來我發現，他們要的是「界線概念」，不需要承擔父母的負債，他們需要的是翻轉人生的信心。過去，我知道金錢可以改變一切，而當沒有金錢時候，更重要的是要提高翻轉人生的可能。這點就是過去誠品璞玉計畫孩子教我的。

因為工作量減少，公益部分成為我的一個重心。我在廣播節目不定期介紹小型的公益團體，讓聽眾知道台灣的小角落有很多美好的事正在進行；我也參與公益活動的主持、演講跟募款。我在一次募款的音樂會上，看到一位父親哀嘆，孩子十五歲了，每天為他洗澡、拍痰、餵食，但是孩子還不會叫爸爸，我很為他難過；也不知道為什麼口中就告訴他，我的孩子不在了，你的孩子還在身邊，總有一天，他會叫一聲爸爸的！後來我發現我們淚眼相望，我可以用我的眼淚換到辛苦父親的一抹微笑，這也是我僅有的能量。

學畫畫，固然是挑戰自己的不可能，但是也跟公益活動有些相關。過去，常常會有單位要求我們主持人畫畫，之後開拍賣會，拍賣所得捐作公益；當時我發現幾位主持人都畫得不好，我自己當然也不行，於是商請同事的女友代筆修飾一番，果然，都能夠順利拍賣；後來幾年都是我先畫，再請同事女友協助化妝修飾。有一次，主辦單位問我「姐今年的畫風有改變ㄡ」，我先是一愣，轉問我的同事，答案是畫風有變是因為換了女友；後來，我決定自己開始學畫畫，不能一直作弊下去。

我的畫畫課碰到很多好老師，有胡老師、玲玲、妙玲、盈慧老師，都是專業又仙氣。

在他們的指導下，我建立信心；後來，我在節目的聽友會下，親手畫的兩幅畫，順利拍出，捐助基督教醫院的老人大樓興建費用。

工作、到大學兼課、運動、畫畫、公益，以及不定期的旅行，讓我的生活充實而美麗。我發現**身體健康、靈魂美麗，是我退休生活的兩大指標**。

**人生一定有難關，不要害怕去面對，我由打死不退，到接受退休狀態，依然覺得是個美好的歷程。**

第 10 章

# 找幾個學習的榜樣

**我們由青壯慢慢靠近退休、靠近熟齡，很多人跟我一樣不知道如何來經營中年過後的人生。我認為有兩件事可以協助，一是透過閱讀，二是找幾個榜樣來學習。**

在我的工作生涯中，因為接觸過很多人，我自己也會把她們變成拼圖一樣，拼出自己在中年過後，喜歡的樣子，包括處世跟生活樣貌。以下我由寫作的情緒主導，沒有以姓氏筆畫或是年紀排序。

## 1. 向李姐學去私跟溫暖

待我如母如姐的李姐，是第一個衝進腦海的人物。她在中山區開了餐廳「象牙紅」，雖然搬過三次家，但是老客人總是能夠找的到她。有幾次在店裡聽見客人對她說「我以前一直吃你的料理，工作到很晚了，就走到象牙紅，吃一碗鍋燒烏龍麵，填飽肚子也溫暖了心；現在結婚了，帶孩子來吃飯」，李姐一貫的笑眯眯：「歡迎，想吃甚麼？」

當時，還沒有流行深夜食堂，而象牙紅就已經是先例，開到晚上1、2點，甚至更晚，客人不走，她不會打烊。我那時當記者工作結束之後，我還可以去吃到熱飯熱菜，當然還有與李姐對話的心靈雞湯。

我認識她之後，她成為我的一個重要榜樣。永遠笑臉迎人，永遠給人溫暖。我當時也想過，如果記者工作膩了，我就想學她開一個小店，用料理跟談話來餵飽很多失落的靈魂跟身軀。記得我沮喪的時候，她請我喝杯酒，我總是能夠擦乾眼淚，歡喜回家；後來，我發現我的廚藝平平，開餐廳這件事，就在夢想清單中默默抹去。

李姐有許多值得我學習的地方。她在餐廳午後休息時間，每天走路40分鐘去搭捷運，回家煮飯給媽媽吃，跟媽媽聊聊天。

她描述媽媽非常可愛，用餐之前必會精心打扮，還會戴上珍珠耳環，儘管動作慢，但是堅持穿戴整齊，每餐還會喝上一杯小酒；李姐總是煎魚、滷豬腳，開心地陪媽媽吃飯；偶而媽媽如果跟她投訴家人不是，她依照著媽媽的話再補兩槍，逗得媽媽開心。

李姐告訴我，她當然也可以跟媽媽說道理，但是那都不是重點，而且家人立場不同，道理也是各有各的立場，重要的是倫理比道理重要，有讓媽媽開心。後來，我也努力學習這點來跟家人相處。

李姐並未婚嫁，但是全心全意照顧家人。哥哥、弟弟或是姊妹的孩子，她都掛心，買的房子也是給家人住，連我的兒子失戀，李姐都同樣的憂心。因為餐廳的名稱，兒子一直叫她「象媽媽」，有女朋友也是帶去給象媽媽看。我常常問她，如何搞定餐廳大小事、家事、照顧家人、客人、朋友？她總是說，做就是了，沒有甚麼累不累。

我認識她近30年，未曾聽她抱怨生命，任勞任怨。印象最深刻的時候就是帶著孩子去找她，她總是煮好飯菜，端上桌，然後幫我接過孩子，叫我趕快吃。

每年過年，總是擔心公婆來我家，我會手忙腳亂，總是滷好牛肉、牛腱、豬肚、豆干、海帶讓我充面子，她也展現極高的智慧看待世事。我記得她深愛的母親過世之後一段時間，她才告訴朋友說「我娘已領畢業證書」。原本她想要跟媽媽告別，她也說，終須一別，已經圓滿順利，勿念、再聚！

後來，我學到要跟家人好好相處，既然終須一別，我絕對不想要有遺憾。我要用正確生命態度過我下半輩子，這也還要跟李姐持續進修。

## 2. 學習宋文琪的女強人退休生活

我一直把宋文琪當成標竿，我對她有多種稱呼。在當記者時，稱她「宋董」，或是與她親近會稱呼她的英文名字Christina；後來，她找我先生去怡富上班，開啟先生金融事業之路。因為辦公室習慣稱她「老闆娘」，我也跟著這樣叫；後來，我去政大念書，她不僅是早期畢業學姊，還當選校友會理事長，建立校友會規模。這時候，她也多了「學姐」的稱呼。

**最早，我期待學她成為女強人。**成立怡富投信之初，她平均每年為公司賺進100億，被喻為全台灣最會賣基金的女強人。說她是基金教母，至今無人可以取代。民國91年時她被《天下雜誌》評選為20位最具影響力的女性企業家之一。我記得當時訪問她的時候，我比她激動。一方面同為女人，我也受到激勵；二來我在媒體工作上獨來獨往，一直期待跑獨家、寫特稿；甚至，我的穿著打扮也想學她，上衣是柔美的襯衫，下半身是合身的A字裙。

她在工作上的表現，無人能及，連帶的幾員大將都各有一片天。更令人佩服的是她每年都會在耶誕節，邀請公司一級主管到家中餐敘，因為她都會挑禮物送孩子，孩子非常期待每年的耶誕大餐；到了她的家裡，才知道她的女王地位，不只是工作表現，她自己會做料理，她的媽媽會包好吃的水餃，她跟徐董（宋文琪學姊先生）更是親切的招呼孩子；有一年，她蹲下來給我的大兒子禮物，她說「你今年要升五年級了，玩具不適合你了，我挑的是書，希望你喜歡」，她跟徐先生由一堆禮物中挑出禮物。顯然，這是他們一起包的，不然怎麼可能知道；尤其，兒子升五年級，她也記得，顯然大人物的用心，就是在細節處。

她跟先生徐董的相處模式，也是十分有趣。徐董通常會開好酒，招待主管，第一句話開場就是「聽說，我太太在公司脾氣不太好，我先替她敬大家一杯」；在眾人笑聲中，她也有女人賴皮的一面，在廚房說「我哪有，說我的壞話」。

宋文琪唸的是外文系，進入社會的第一份工作是在一家貿易公司擔任英文秘書。

他曾說過「我從來沒有設定要達到什麼樣的工作目標，基本上我認為英文系畢業後當秘書是非常『美滿的結局』」，沒想到投入基金事業，創下人生巔峰；後來，去倫敦大學管理學院高級管理班，也在政大念 EMBA；之後擔任台北 101 董事長、國策顧問。卸下重任不久，又在行政院政務委員馮燕、其他捐款人與社企各界多次連袂商請下，擔任該信託循環基金發起人。**她不但是印證 C 型人生，更是證明了有能力的人，退休生活更加光彩。**

除了生活面的光彩，她幹練處事能力，無人能及，但是也在中年過後出現很大的改變。她是少數人稱「已經遠離江湖，但是江湖還會有她的傳說」這號的人物。提起基金界、女性領導人、女力等都是代表人物。

記得建國一百年，她擔任國策顧問。當時我有一位電台的小主管轉職協助她所交辦事務。有一天，小妹妹打電話跟我打聽一個說是基金教母的國策顧問，她說顧問想法多，交代的事情很清楚，但是根本做不完，後來直接請宋顧問不要一直催。我聽完之後，為小妹妹捏一把冷汗，問她宋顧問怎麼回答？小妹妹說宋顧問講話又客氣又有禮貌，而且把「麻煩你了」掛在嘴邊。這跟我當年認識的宋董有很大的差距。她做事講求效率，如果她在前頭跑，你沒有跟上腳步，肯定被罵，但是她在面對職場小妹妹時候，展現了耐心跟包容心。

在政大念書時候，因為參與宋學姐的學姊社團活動，有些同學辦事難免疏漏，或是會提出奇怪問題問她，我都未曾看過宋學姊不耐煩。很少見過職場女強人調適成這樣的平易近人；後來，我們有一個好友的群組，稱為「人生如夢」，名稱是她取的，我想有她的意義在。

## 3. 跟著鍾明秋師姐學放手

我在年代新聞台認識鍾姐，我當時是執行證券發展基金會的一個電視節目的專案，節目叫達樂年代，以推廣金融知識普及為目的。當時主管機關就是金管會，我們常常會受限於節目的規定，而無法更輕鬆有趣地製作節目，常常我的哭訴對象就是鍾姐。她當時是電視台的副董事長，只要我找她，她總是靜靜聽我的訴苦，然後說，去做吧，其他的事，我來處理。

有一次我跟一位業務好友一起找鍾姐訴苦。當時這位業務好友要接下世足賽的轉播專案，要評估的事情很多，跨足新聞、業務甚至得承擔盈虧壓力。鍾姐聽完之後，帶我們去吃飯喝酒，後來她堅定地說，你們好棒，一定有能力可以做得很好；後來，我們就在微醺的氣氛中，接下重任，結局是好友做得很成功。我曾經私下問過鍾姐，為何相信我們？鍾姐終於老實說，我也不知道你們會不會達成目標，但是相信你們就對了。

她目前是法鼓山人文基金會秘書長。有一次，她正在練歌，因為她要登台唱「歡喜就好」，她邊說邊唱，唱得好開心，後來我知道她的目的就是鼓勵每一個人要開心過日子。

我問過她該怎麼做，才能愉快地度過每一天呢？她一貫輕鬆地說維持規律生活，降低健康因素對生活的干擾，然後放慢腳步享受眼前的每一個當下。那麼，無論是學習年輕未完成的夢想，或者吃飯喝水，都能從中獲得幸福的感動。

她也教我對於孩子要學會「放手、信任、不干預」及「放心、關心、不擔心」的態度；對待家人、孩子、朋友，凡事盡心盡力之後，不內疚、不自責，心量必然會漸漸開闊，孩子們也可以得到學習的機會。我猛然回想在我年輕時候，她竟也是這樣溫暖的支持跟放手，讓我更堅定地朝目標前進。

有幾次我在面對年輕人而不知所措的時候，忽然想到我在花樣年華時，一直覺得自己不會喜歡小孩；依稀記得，我並不渴望愛情，還想過不婚、不生。

終究我還是愛了、婚了，也生下孩子，這才發現我愛極了孩子。我的小姑、妯娌、朋友的孩子我都愛。有時候把上課班上的孩子、公司來的實習生也當成孩子一樣愛著。默默守護的愛容易，跟他們的對話時，常常覺得他們像另外一個星球的物種，遙遠又難懂。

後來，我想到鍾姐的方式，我決定對實習生放手。我只要放手讓她們上場，其他一律不給意見、規範，果然音控、訪問都上手了。

喜歡鍾姐在年輕時候，因為代銷房地產，累積了財富，後來轉作電視台業務，江湖上人稱解決不了的事，找她就對了。我發現跟著鍾姐身邊十多年，她溫柔而堅定，凡事感恩謙卑，又對朋友關心，積極介入公眾事務。由她身上，看到她人生經歷就是智慧的累積，更學到放手的可貴。對於學生如此，對於已經長大的孩子我雖然揪心，但是只要放得快，就是讓自己不受羈絆的良藥。

## 4. 跟薛幼春學謙卑跟感恩

傍晚，薛老師傳LINE給我，「有空去看小丑，好看。把人性錯綜復雜、無奈演得淋漓盡致。看完，好悲傷又寂寞。ps.公館的東南亞有演出。」

除了告訴我好看的電影，也會邀請我去參加她跟李老師的畫展跟音樂會。因為我們住得很近，我常常受邀到她家蹭飯吃，認識她跟李永裕一家人，連孫子莫寶都跟我要好。

薛老師生長在屏東鄉下，25歲遠嫁台北之前，沒離開過屏東。

李永裕有時會說，自己是奉父命娶薛幼春的。如果把時光拉回近40年前的一個盛夏，可以看見在幼稚園當老師的薛幼春穿著一件寶藍色洋裝、繫著黃色絲帶，正坐在老家門前，一匙一匙，餵著全盲的奶奶。這個畫面應該充滿的愛與美。薛老師是個優雅美女，學藝術的李永裕一定看到她是美女，還有她對奶奶的愛，後來他們奉命成婚，這份愛也傳到李永裕跟孩子身上。

薛幼春有多寵李老師，朋友形容是「晴天給李永裕遮陽，雨天給李永裕遮雨」。李永裕先生早期在宏碁電腦擔任藝術總監，有一天他跑到河邊靜坐，決定要做一位藝術家，在家煮飯帶孩子的薛幼春立即成為李永裕的經紀人。剛開始的一年多，根本沒賣出任何畫作，都是靠兄弟姊妹支援他們的生活。每次提及這一段，夫妻倆都充滿了感恩。

薛幼春總是滿口感恩又感謝，她感謝老公支持她畫畫，讓她由門外漢踏入創作圈；也感恩企業家收藏他的畫作；她也感謝老公在40歲的那一年，帶她出國。那是她第一次出國，而且是到藝術之國法國近2個月，她將所有旅行的錢花光，沒有買名牌衣物，也沒有吃法式大餐。每每提及她的生命，就是感恩加感謝。儘管她的生活就是閱讀、看電影、旅行、作畫、開畫展、賣畫這樣的循環，她總是在感恩中品味人生。

她感謝影響她生命最重要的的人物與事蹟，從劉其偉、李天祿、朱天心三姐妹、侯孝賢、吳念真到三毛。她感恩生命中的每一位貴人、朋友。她總是以謙卑溫柔的語氣描述著生活中發生的事。對於每一件事、每一個人都是感恩、感恩、再感恩；即使有看見她的小孫子莫寶，她也會說感恩。這就是生活中潛移默化的結果。

我常常為幼春老師抱屈，甚至有時候也會數落李永裕老師，但是她總是笑咪咪的說「多謝韻芬點撥」。我多次跟她說，想要跟你學溫柔、體貼跟感恩，因為感恩的人充滿了愛，就沒有空間裝下猜忌以及憎恨。

## 5. 跟譚敦慈學美麗

譚敦慈是我節目的來賓，我很喜歡邀訪她。她常常在節目中跟我分享家庭料理，也常常在節目中提倡食品安全的重要，但我要向她學習的是美麗。

很多人都知道上廣播最輕鬆的一件事就是「聲音」就好，不像上電視節目一樣，要打理妝容；但是譚敦慈來節目，總是纖瘦而且美麗的出現在我的錄音間。我曾經問她「為誰美麗？」，答案是「為林醫師」。儘管林杰樑醫師已經離開她，她依然信守這個約定。

很多女人到中年過後，大概都會忽略自己的身材以及容貌，大多時候是一種放鬆或是放縱。過去我在電視台主持節目時候，天天要上妝，電視台的錄影妝感必須要重，我常常都覺得好像是頂著面具，後來只要是不錄影時候，根本不化妝，落得輕鬆。在我的字典中，也沒有「女為悅己者容」，所以，譚老師的對林醫師堅持美麗的承諾對我來說，起了很大的作用。

她的美麗，不是只有外表，也有來自於一家人的感情深厚。譚敦慈和林杰樑結婚30年，可以說是鶼鰈情深。她說除了操持家務，她還主動擔任司機以及擔任研究室助理。譚敦慈透露，林杰樑醫師「黏 TT」，最常就是用對待公主的方式，牽起她的手，而且動不動就是跟老婆講「要預約她好幾輩子」。譚敦慈說起這個故事已有幾次，每次說時眼角都是笑意。

他們的初相識，並非王子與公主式。在譚敦慈與林杰樑醫師結識時，林醫師已經在洗腎，卻沒有阻礙他們的感情以及婚姻發展。她堅定地與與林醫師結婚，理由很簡單「就像一般年輕女孩子一樣，覺得他是很好的人就嫁了」；第二則是自己在急診工作，意外見多了，當下的幸福不能放手。

果然結婚30年來，沒有什麼爭執、沒有什麼吵架，偶而不開心，一定是林醫師牽她的手說，「不要生氣，我們是最親密的人。」她的言語中，很多是來自於林醫師給她的幸福感。譚敦慈曾說過，從小爸爸非常疼愛，中午都會騎腳踏車幫她送便當，晚上爸爸也一定會一起吃飯，這給予她很大的幸福感。這種幸福感，更讓她肯定全家一同用餐的價值，沒想到先生也是這樣的想法，他曾經告訴太太「買外食都沒有關係，可以買回家放在盤子中，陪孩子一起吃」；兒子就曾經告訴她說，同學好可憐，都要自己買外食，但是他總是可以回家跟爸媽一起吃飯。這就是幸福感。

有一回譚敦慈跟我聊到勇敢這件事，因為大家都說她勇敢。事實上，面對失去的親人，焉有勇敢的可能性？我們一同流淚，後來我發現勇敢是一種不得已，是一種流淚前行的勇氣。她憶及小兒子當時才國一，又跟爸爸很要好，所以她必須要不斷告訴兒子「別擔心」，一切就回復到爸爸在的時候，爸爸帶他們做的事情，媽媽也一樣做。

她覺得一個當母親的責任，很簡單，就是明白小孩需要的只是非常安心的陪伴。她強調她沒有特別勇敢，只有隨時想的是我該做什麼、我能做什麼，一路走來只堅持把這些事做好。

對於很多人在面對失去的痛苦時，都要人「放下」，別再對逝者懷念。她覺得這是違反人之常情，想念、懷念、傷心都可以，因為這就是一個懷念的管道。

我與她都面臨過淚乾腸斷、非常痛苦的歷程。她的方式是在深愛的丈夫離世之後，結婚30年的習慣依舊存在。她曾經說過，連帶來靈堂的水果，還是按照林醫師規定的洗法刷洗乾淨，帶來給他。

遵照「林氏規範」就是懷念的管道。最親密的人無法再和她撒嬌，而她依然為他美麗，這是一個面對失去之後美麗的誓約。譚敦慈說，**時間讓我們的容貌改變，可能變老變醜，但讓我們的心靈變得更美好；這是中年過後，面對失去，而依舊美麗的淬鍊。**

## 6. 跟陶爸學豁達

陶爸是我節目的來賓，我很喜歡找陶爸來談企業經營、旅行經驗、世代傳承。有好幾次，我的節目碰到特別的節日，我也喜歡找陶爸來現場唱歌，陶爸多才多藝，唱作俱佳，我跟我的聽眾都超級喜歡陶爸。

在演講活動中，我也常常跟陶爸同台，陶爸演講魅力強大，台下觀眾常常受到感染大笑。陶爸常分享他的旅遊經驗跟攝影作品，他多次提到很喜歡在旅行中到處走走逛逛。他跟陶媽個性不太一樣，陶媽怕迷路，陶爸卻覺得如果迷路了，但是沿路的風景漂亮，迷路又何妨。這樣的插曲很多，而且常常帶來驚喜，原來，他對於人生的意外之路，有著不同的解釋。

我有一次看到陶爸的臉書，他用罕見的長文提到他接手父親債務與跟父親衝突的過程。我在跑財經新聞時候，大概有聽聞一二，但面對陶爸時候，我總是不敢細問。在那一篇文章中，我才知道陶爸糾結的前半生，我們現在看到的是他開朗豁達的下半生，過得樂活開心。

陶爸在39歲時遭逢巨變，他的父親，也就是有著愛國商人形象的陶子厚所經營的公司跳票15億；之後，父親精神狀況不好，身體也不佳，由身為獨子的陶傳正宣告破產，收回所有支票，協商花10年時間，還清債務。

他花了10年時間，面對破產，還清債務，其中的過程，想必艱辛而痛苦。本來以為自己是富二代，沒有想到接手的是父親的債務，成為名符其實的「負二代」，不但如此，他還想要成為創業的第一代。自己創業「奇哥」嬰幼兒品牌。在這樣的情況下，他實現諾言，在49歲那年，陶傳正還清了債務。

陶爸開始演戲是在46歲那一年，賴聲川大導演，找他演一個銀行總經理的腳色。當時的還債人生讓他喘不過氣來，常常要焦頭爛額的調頭寸，但是登台演別人的人生，好像是一種救贖。當時，他把公司交給陶媽，自己排戲去了。有幾次，陶媽都忍不住問他，到底是排戲重要還是公司重要？

別的富二代避之唯恐不及的還債歲月，陶爸沒有逃避，他選擇勇敢面對。現在回想起來，他發現這是人生最精彩的十年，他後來也堅持做到，要成為一個不留負債，只留資產給下一代的成功父親。

本書的總編輯莊舒淇（素玉）是我的好友，她38年前剛開始工作時就訪問過陶爸，當時她下的標題是「一個愛唱歌的總經理」，那時候的陶爸還沒面臨破產巨變，只是覺得奇怪「怎會有個小妞突然要來訪問他唱歌」。

現在無債人生的他到現在又開始他最喜歡的唱歌跟演戲。在歌聲中，他總是時而深情，時而奔放，令人陶醉；有一次他演舞台劇，叫我一定要去看，因為他跟 Ella 有親嘴的戲！以前有人問過陶爸，到底演戲跟董事長哪一個是正業？他當時還沒有交棒給兒子，但是已經表達董事長是副業，演戲是正業，就算沒有錢，或是他老到不能動，他也要演。因為身體不能動，眼睛還可以動。這就是心境永遠年輕，永遠讓大家喜歡的陶爸的生活觀。

**在人生的舞台上，歷經大風大浪的陶爸早已經看開、放下，無私地對待朋友、家人。這點最值得我的學習。**

# 7. 跟劉炯朗學求知的快樂生活

每回見到劉校長，立刻可以感受到他博學，風趣的風采，我秒變粉絲。記得兩年前他來上節目，翻譯了這幾句英文：I love three things in this world.

Sun, moon and you.
Sun for morning,
moon for night,
and you forever.

他翻譯中文為浮世萬千，吾愛有三。日，月與卿。日為朝，月為暮，卿為朝朝暮暮。

不但凸顯中國文字的美，劉校長為了最後一句是否改為卿為暮暮朝朝琢磨再三。

後來他又來上節目，告訴我「天若有情天亦老」的下聯是「月若無恨月常圓」上聯是唐朝詩人李賀所作，下聯是宋朝石曼卿，一等兩百年的佳句。

劉校長是中央研究院院士、前清華大學校長，本身就是博士。訪問他時，我喜歡他用科普方式解構泛知識時代的問題。為了訪問他，我看過他以「過橋、棋盤、魔術、帽子：數學和詩詞」為題的演講，光是題目就會讓我覺得燒腦，因為他把科技跟人文絞在一起，看似不相干，卻也出現巧妙的連結。

他自己說，年紀大了，特別喜歡跟詩詞談戀愛。他曾以白居易長恨歌中的「後宮佳麗三千人，三千寵愛在一身」及徐志摩的再別康橋「夏蟲也為我沉默，沉默是今晚的康橋！」來說明詩人利用頂真修辭法建立的文字關係。

後來他又教我念「鶯、啼、岸、柳、弄、春、晴、夜、月、明」十個字寫成一個圓圈狀，從第一個字開始唸起及從第三個字開始唸起，還有倒過來念，各因為排列組合不同，詩詞語意也不相同，

鶯啼岸柳弄春晴，
柳弄春晴夜月明。
明月夜晴春弄柳，
晴春弄柳岸啼鶯。

我念得嘖嘖稱奇，他也在旁邊笑，當下真的讓人見識到他喜歡文字遊戲的樂趣。跟他談話總是如沐春風，歡樂幸福，自然也見識到校長高度的智慧與人文素養。

還記得在疫情剛發生的時候，我訪問劉校長，他不但呼籲大家勤洗手，還分享外出吃飯一定要各吃各的，不宜共食。他待在家中看書、做運動，為生活增加樂趣。我記得當時他說在家裡學鄭多燕運動，當時獲得聽眾一遍熱烈迴響，畢竟很多女生喜歡鄭多燕，想要學習他的運動健美身材，沒想到劉校長也是鄭迷；下了節目，他告訴我，鄭多燕如果取名為鄭飛燕，將更有說服力，因為比較能夠傳達身輕如燕、體態輕盈的意象。我當時就很佩服這位麻省理工學院的博士，不但喜歡詩詞，對於生活上的大小事都充滿興趣。他認為，求知是世界上最快樂的事。

我一直好奇他可以學貫中西，並且把科技和人文融合到悠遊自得的境界。但是他總是說，「科技和人文本來就不是分開的學科，學問是通的，本來就是都合在一起的。」

他回憶童年的時候，學習新的事物都很用心。他什麼都學，參加的活動也很多，像朗誦、運動球類、話劇社都參加。他畢業於台灣成功大學，後取得美國麻省理工學院碩、博士學位。他曾於美國麻省理工學院、伊利諾大學任教，並擔任過伊利諾大學香檳校區助理副校長職務。2000 年時當選中央研究院院士。1998～2002 年間，放棄美國籍而返台擔任國立清華大學校長，學術聲望極高。

卸任校長後，他應邀在電台主持「我愛談天你愛笑」節目，跟我一樣做廣播節目，但是他說每次主持節目的每一句話他都會寫下來，然後才進行錄音。我看過他的手稿，也見識理性跟感性堅持的一面。他出版多本科普、散文著作，通常都是因為出新書，他才會來上我的節目，他總是笑我哇啦啦就可以講話，他要寫了稿子才可以。

由他的著作跟訪談中發現，不管是古典詩詞、中外歷史，還是英數理化，劉校長都有極廣泛涉獵。就像他自己形容的，對待新事物，他覺得求知本身就很開心，與其老身長談活到老學到老，不如**看看劉校長的求知樂趣，發現生活中因為學習帶來莫大樂趣才是生活的重心。**

劉校長鼓勵我持續寫書。正當我完稿跟他邀稿寫序之時，聽到他身體不適，我想他平日有跳鄭多燕，靜待他康復。沒有想到 11 月初看到病逝消息。懷念這位溫暖博學又幽默的紳士只能以「終將重逢」來掩飾傷心難過。

## 8. 跟彭淑美學運動 年近70，還有人對她吹口哨

如果年近70，走在路上，有人對你的身材吹口哨，那是一件多麼開心的事情！

我正是因為這樣的原因，開始跟彭老師學肌力運動。我也是透過訪問彭老師而認識她。記憶最深的一段話就是她走在路上有男生跟她吹口哨，她依然翹臀前進，頭也不回。我問她，為什麼不回頭看看是誰吹口哨，她開玩笑地說，如果回頭可能會嚇跑男生。

彭淑美曾是軟網的國手，運動健身對她來說並不是問題。但她也承認過去的國手訓練是土法煉鋼，重複的練習揮拍、對打，常導致肌肉疲勞或受傷；後來，她念大學，讀文獻、修正自己運動的方式，逐漸瞭解有氧與無氧運動系統，強化肌力鍛鍊，

更讓她練就一身精瘦又緊實曼妙的身材。大家都發現，她看起來比同齡者年輕，而且身上該有的肌肉都有，不像金剛芭比，但是全身線條勻稱、肌肉都很Q彈。

她並不諱言，年輕鍛鍊身體的動機就是愛漂亮、想成為美麗的嬌點，但是她從體壇退役後，投身教學、當教練，從工作中享受運動與健康。她的學生跟她做運動訓練動輒10年，我跟彭老師練習也近3年，大家都喜歡她教授的全身運動。她特別強調要透過呼吸來加強運動效果。她總是在課堂間提醒，**呼吸是心腦合一，耳朵聽得到、眼睛看得到、頭腦想得到，然後就做得到**，她的學生普遍都偏高齡。我如果偷懶，她一眼就可以瞄到我準備開溜翹課。她說，持續且穩定運動能促進記憶力、認知能力，學生動作不對、想要開溜的，她一眼就可以看出來。

彭老師常常跟學生分享，她說**練肌力讓她活得有自信且美麗，人都可以健康的想活得更久，這樣才能去體會生命的美妙**。每次上課，我總是喜歡看老師的薄紗運動衣，時髦又性感，真的符合她說的有自信就有光鮮的美麗跟健康的期待。她在運動時舉手投足神情自信，凸顯健身的好處，讓大家都有信心跟她一起健美到老。

# 9. 跟廖玉蕙學道歉學

很多人跟我一樣，由文章中認識廖老師，而我跟她因為訪問關係，跟她有多次的對談，特別是聊到她當上阿嬤之後的生活，特別有趣。

廖玉蕙很多的作品都列入國高中課本。她後來寫很多文章都是關於跟家人相處以及面對老年的生離死別。我記得有一次，她來上節目，出現了小遲到，還好那一天是錄音，不是現場節目，可以容許小遲到。她一進錄音間頻頻道歉，後來解釋為什麼遲到。她說，看到捷運有學生發傳單，大家都拒絕填資料，她看了不忍心，決定幫學生填資料，後來學生問她年紀，她很坦蕩的說「快70歲了，今年68歲」，發問券學生不可思議的倒退兩步說，謝謝你，我以為妳才40歲，這是要給40歲的女性填的問卷，她就很開心，嘴角上揚地離開。看她形容的場景，連我都覺得非常地驕傲，畢竟已經68歲的女性可以被誤認為40歲，應該是最大的稱讚了。

她的外表的確比身體年齡看起來年輕許多，尤其她的穿著也都是輕便的年仔褲以及簡單的上衣。她對於家人關係有很多的體悟。她說，自己喜歡乾淨，但是兒子卻是不受控；年輕時候，跟兒子常常槓上。兒子還說，房間是我睡，又不是你睡，幹嘛要受你的規定。有趣的是。她這幾年當了阿嬤，小孫女來家裡，袋子一轉，嘩一聲就把玩具全都倒出來，散落一地，她完全不唸不罵，只有簡單的說，「只要玩完有收乾淨就好了。」在生活的堅持下，小孫女教她放鬆不少。

如果有看過她的書，可以知道她跟兒子的相處狀況。兒子在工作巔峰時期堅持去流浪，後來，還發生女友罹癌過世的憾事。她後來發現雖人身為父母，有很豐富的人生經歷，往往也可以預言後果的發生，但是對於孩子沒辦法幫助很大；很多時候，孩子只會覺得囉嗦；孩子有很多是必須要自己去經歷的，無法免。

廖玉蕙說，中年過後，對於生活的規矩已經寬鬆許多，因為「年紀大了，妳也不想花太多時間計較小事情」。回憶 2、30 歲，剛進入婚姻時，容易為了小事對丈夫生氣。儘管先生的好脾氣，兩人還是會冷戰，後來發現根本沒『處罰』到他嘛！處罰到愛講話的自己！她說，「有時候不小心開口，想說，欸不對，我不是在跟他吵架嗎？」後來，夫妻裡下規矩，儘管雙方有不同觀點，吵架難免，但吵架後一定要互相道歉，其他的就不必討論，也不必計較太多。

廖玉蕙是家中的老么，41歲送走爸爸，60歲送走媽媽、大哥、二姊、三姊、四姊夫。她也曾想過自己在排隊了，要跟死亡面對面了，但是她說，也因為這樣，發現很多事要看開，不要花時間去冷戰，不要去計較小事；尤其，年過半百之後，「看到身邊的人一個、一個凋零，開始覺得人生苦短。離終點愈來愈近，你還要花無謂的時間去冷戰嗎？」

現在的廖玉蕙，跟叛逆的兒子一起對談，現場火花十足。我記得《親子天下》有刊登母子的對話內容，大家有興趣的可以上網爬文。

**儘管生活不是童話，但是用勇柔軟的心、傾聽與同理，就是廖老師這位阿嬤年輕快樂的泉源**。她跟兒子透過理解之後和解；她跟孫女相處，總是屈膝跟孩子一樣的高度在談話。如果孫女不認同的部分，她也認為需要道歉，就會跟孫女道歉。這在年輕時當母親的時候，絕對不可能發生在廖老師身上。

## 10. 跟黃越綏學自在樂觀

「韻芬啊，我帶好吃的糖果給你吃，」這是黃越綏來節目的標準配備，總是要帶東西給我吃。她記得，我主持的廣播節目由下午一點開始，我通常沒有吃午餐的習慣，怕吃了中餐，血液集中到胃部，腦袋反應不靈光，過去父親總是提醒我「飽了肚子，就會空了腦子」，這點我謹記在心；而黃老師的細心跟體貼，我也未曾忘記過。

黃老師是我很崇拜的女性，她總是大聲地叫我，想哭就哭，想吃就吃，不要委屈自己。在訪問中，她也是妙語如珠、快人快語，該罵就罵，該疼惜的，她一個也沒有落掉。有一次，她告訴我，在她收容的單親媽媽，「你知道嗎？最小的媽媽才13歲。」我看到她不捨的淚水。

她出生於政治世家、參與社會運動、經歷貴婦生活，也碰到人生困境。當年在菲律賓的生活中，有佣人協助，後來先生因故被綁票撕票後，一夕之間家破人亡，她放下三名年幼子女，努力拼事業賺錢。回首前塵往事，她都說，「我讓孩子受委屈了……」人生的磨難，她不只懂得多，還懂得深。所以安慰人的時候，就能直達內心深處，碰到生命的難題，她最常說的一句話就是「人生不能卡關，要破關」。

她走路有風，就像個俠女。有時候，忙了一天的活動，回到家中才發現原來左右腳穿了不同款式的鞋子，算是忙中有錯的生活插曲。她總是扶持弱勢，永遠帶著包容萬物的悲天憫人個性。

1995年，黃越綏在48歲時成立「財團法人國際單親兒童文教基金會」，以服務單親家庭為宗旨，提供經濟援助、就業、心理輔導及募集二手衣等等，多年來協助過的弱勢單親家庭超過5萬戶。2012年，她再加碼打造收容機構「麻二甲之家」，照顧「18歲以下受暴力虐待、中輟學業的未婚媽媽及其子女」，至今輔導超過60位單親媽媽、150位學童。

黃老師最特別的地方在於她不僅獨資創辦，自己親自帶領專業的社工人員與教師，建構起這個公益團體。這決定的不凡更在於時間點，正是她即將走過半世紀人生，要跨入暮年之際。對於很多人來說，就算不用留給子孫，但是多數人還是會認為的是留下一棟房子養老或是留一筆養老費，從此安享晚年才是正道。但是黃老師卻是傾盡「老本」，拿出近3000萬元，連同她自己一生的學識、人脈與歷練，全都奉獻於公益團體。她每年募款，從不以為苦。

能夠豪擲 3,000 萬元老本，並非一般人容易的決定。

有人認為那是因為她的錢來得容易。她也多次提到，這一生也很重視錢的價值，可是她就是不想當金錢的奴才。

戲劇化的人生歷程讓黃越綏懂得放下對今年的執著與憂懼。她自己說，連父母親取的名字「越綏」，就是美麗的意思，但是因為發音是「滾」，她也能解釋成「越過滾運之後，就是超越了」，更何況後來人生的辛苦壓力，以及不斷的破關過程。

現在她還是獨自居住在租來的老公寓裡，身邊沒有太多的積蓄。她也說過也不打算留給3名定居海外的子女。她多次公開地說過，「孩子們早就有謀生能力，而且都住在國外；我死了之後，就算是分錢，每個人可以分到的也不多。就算孩子他們不分，他們的配偶也可能來爭取，這局面就是分不到多少錢，還會破壞手足之情，所以我決定捐給需要的人。」

不依賴子女，也沒把錢和房子當成退休安全感來源，黃老師在60歲多歲時候，已經辦好器官捐贈、放棄急救、不氣切等等手續。她也老早就把自己的後事都對兒女說明，也對情同母女的基金會執行長交代清楚後事。

黃老師最常用幽默來自己解嘲，她說自己是達觀、不是樂觀，因為太樂觀會白目、不負責任，她也說過「我不減肥、不節食、不運動、不保養，一塊水晶肥皂洗全身，別人送我什麼，我就用什麼」，還有，她說過「我沒有退休的時候」。

我常常把黃老師的話放在記事本中，心情不好的時候拿出來看。她曾經說過一句話，「人生的苦難夠多，你的溫暖就會打開；所謂關關難過關關過，碰到關卡不要被它關住，你最後一關只是閻羅王，又有何懼？」

後來，我積極地參與公益事業。**我把退休生活分切為三大塊：三分之一工作，包括廣播、演講、主持活動等；三分之一做自己興趣的事，包括運動、畫畫以及旅行；最後的三分之一就是做公益。**我會在節目中介紹比較小的基金會，透過節目讓大眾更了解基金會內容；我也協助基金會主持以及募款工作。目前重心也在於了解公益信託的架構，希望協助公益團體中安養照顧的問題。我發現很多老父母親在照顧老小孩，還擔心沒有生活能力的老小孩在未來父母親不在的時候，能否仍有人照顧他。這些都是信託可以做到的部分。

## 11. 學胡玲瑜老師奉獻藝術

胡老師是我的畫畫老師，我與她在民族國小認識。當時她帶領國小老師一起學畫畫。她說一起學畫畫，是諸多緣分與姻緣成就出來的，要大家要認真以及珍惜上課時間；大家若是在藝術路上學習而有成，老師雖會累，但是會很開心。若同學漫不經心，就枉費老師專程來學校幫大家上課的體力與心力。初識胡老師，會了解到她是一個認真而且嚴格的老師。

老師也有很特別的堅持。她來上課，總是帶著自己滷的豆干、滷蛋，有時候會切水果、帶零食、甚至會帶兩大瓶重重的飲料給大家喝，擔心我們下午畫畫已經飢腸轆轆，先餵飽我們，再來好好上課。看她拎著食物，一階階地上樓，我總是能夠感受到老師對學生的疼愛。

胡老師的個性不為名利，就是監持持續育人、傳播美學；後來跟著她學畫畫時，得到自信與滿心的歡喜。

畫畫應該是我的罩門之一。打自小學三年級之後，我應該已經停止上美術課（當年都改為上國語、數學或是其他補課），胡老師手把手地教我看顏色、看構圖、看負向關係；她有一套胡氏教法，先會看，再來畫；有幾次，她叫我把畫好的圖帶回家，每天看，看看哪裡有問題。我前一個月都沒有看；後來，靜下心來看，漸漸看出一點端倪。這是老師的功力跟帶領。

胡玲瑜老師是跟隨陳景容老師從素描學起，曾經長期擔任陳景容老師的助教。她對於口中的大老師，十分尊敬。

2018年，陳老師獲羅馬尼亞 Muzeul　rii Cri urilor 博物館長 Aurel Chiria 的正式邀請，展示他的馬賽克鑲嵌畫作品《瑪利亞和耶穌的祝福》。

陳景容老師85歲，而胡老師也70歲了，當時她急著說，「韻芬，大老師要出國參展，這是台灣的光榮，因為是唯一在世的藝術家參展。」胡老師陪著大老師來上通告，看得出來師生的好情誼。我也進一步認識陳老師。他出生台灣彰化，非常酷愛古典音樂，他的馬賽克鑲嵌畫，完全是堅持古法，流傳後世的獨到創作絕活。目前已經是台灣馬賽克鑲嵌畫的翹楚。

陳大師的作品見於台灣多處公共藝術空間內，包括台北的國家音樂廳的大型濕壁畫作品《樂滿人間》、花蓮門諾醫院二樓的《醫身醫心．視病猶親》、台東基督教醫院《耶穌的祝福》、母校彰化高中的巨型馬賽克鑲嵌畫《三人行必有吾師．遙望玉山加桂冠》等，都是巨型藝術作品。

胡老師的素描基礎非常紮實，這對創作形式有很深遠的影響，所以她在立體藝術如雕刻、塑造、陶藝，或者平面藝術如粉彩、版畫、油畫，都有相當深厚的造詣。繪畫和雕塑在她的創作領域並行。她甚至嘗試著要將繪畫、雕刻和陶瓷三者作出一種完美的結合，這是她未來努力的目標。

不但自己精進，胡老師連續10多年都在暑期組團，遠赴偏鄉去指導藝術，深耕台灣藝術的種籽，並為偏鄉學童孩子們圓夢。**胡老師為藝術，貢獻所學，無私奉獻，還把兒子也捐出去偏鄉表演。這都相當值得我學習。**

除了藝術下偏鄉，老師會回花蓮教老人家畫畫。她說，老人家畫畫想抹胭脂，十分有趣。她在今年開始還去育幼院認養學生，教他們畫畫，老師提到學生都是因為父母吸毒，連累孩子健康，看到都令人心生不忍，後來帶著孩子畫畫，找到孩子的信心跟天賦。

## 12. 向丘引學習身為父母不要再為子女奉獻

我羨慕丘引的細肩帶。她來上節目時，都穿著火辣，扭腰擺臀跟我擁抱。我們常常一期一會，因為她居住在國外，一年回國一兩次，探望家人，有時候也會配合新書發表打書。

由她的穿著打扮跟個性，很難跟老後生活做連結，但是她很早就提出老年的新概念，她提出「後青春」以及「優雅老」的想法，而她本人也正在進行中。

「你不覺得老年是一個很有趣的人生階段嗎？」

她為老年人生階段下了有趣的註解。多年前，她因為孩子在國中遭到導師排擠，她毅然決然帶著孩子到美國求學。她跟一般的媽媽不一樣，不但帶著孩子自駕旅行，也開啟「中年學習」歷程。她先是上了一年半的英語課，又到成人高中上課。

我記得她告訴我，美國的高中，不用學費，可以省下很多錢。她有一次在美國進學校讀書，同學還以為她是老師，她後來拿到美國高中文憑，接著進一步成為美國大學生，主修數學。我以為她在台灣是念數學系的，她回答我，不然不然，她在台灣數學很爛，但是想到，美國人教數學的方式可能會不一樣，於是，就想試試看。後來，她告訴我，數學太美了，還一直叫我去美國學數學。

她在念大學期間，也選修「老年學」。那時她即將滿50歲，她醒奮地說，「實在太棒了，我為了自己提早作準備，更了解老年，也更瞭解更多人的晚年處境。」

她說從小就覺得老年人「很可愛」。在雲林農村長大的她，一直記得一名愛說故事的老鄰居，雖然失明卻能獨立自主生活，又常常會說好聽的故事。所以她很早以前就會認為，人不管幾歲，或是多老，應該是無論在什麼情況下，都可以、也應該好好生活。

她認為，**老不老，無關乎身分證上的年紀，只與個人思維、人生態度、價值觀有關；到了中年，如果能學習優雅的老，自然能老得優雅。**

雖然她現在美國台灣兩邊住，但是16歲就從老家雲林北上打工讀書的丘引，早將臺北當成自己的家鄉。她說過，「我非常喜歡臺北，醫院、圖書館、書店、博物館、電影院樣樣不缺，想娛樂或運動都可以，交通便利，一小時內可以上山，也可以下海。唯一的缺點是馬路規劃太寬，一個綠燈走不完；但整體來說，臺北市是很適合養老的地方。」

丘引指出，只是很多長輩，在年老後不是離家到都市與下一代居住，就是在鄉下孤獨輾轉病榻直到離世。

其實現在許多早移居台北的高齡者寧願回到幼時生活的中南部家鄉，落葉歸根。因為回到家鄉，有自己習慣的生活步調，相熟的親戚朋友，熟悉的環境會讓老人過得更健康。

臺灣老一輩受教育者少，當他們年老後，不知道如何透過報章雜誌、網路找資源，甚至不會自己搭公車，到了醫院也看不懂門診指標。他們沒有習慣閱讀，聽不懂國語，看電視也只能猜劇情。這些因素導致他們生命狹窄，沒能力安排生活或發展興趣，只能整天東家長西家短，常常抱怨，一點也不快樂。

只是無論在都市或鄉村生活，最重要的就是善用當地資源，維持健康，持續活動及參與社區，內心感到愉快，生活自然過得舒適。

相形之下，教育程度較高的高齡者自信心高、生活滿意度高，就連選擇工作、生活方式的機會都比較多，心理上的健康讓他們比較能規畫老後的生活。

獅子座的丘引，總是熱情開朗而且喜歡冒險。她用研究的態度延緩「老」的事實。她還一直強調，有東西自己吃，有錢自己花，有好康自己先享受，父母不能夠為子女一直犧牲奉獻，因為那是不人道的。這點值得很多人學習。

## 13. 跟陳景圓學生命的追尋

陳景圓老師是我在政大念 EMBA 時認識的班代夫人，班代周國興領導有方，提早帶領大家進入退休生活；其中最重要的政績，就是把夫人貢獻出來，教大家學瑜珈。

陳老師的瑜珈不只是瑜珈，我們跟她上課的時候，她內容包括頌唱、講解聖典與哲理，體位法、暖身、呼吸、冥想及深度放鬆。這樣的瑜珈課，注重的是身心靈的全面健康與提升；那時候，我迷戀的不是瑜珈的體位以及姿勢，而是她的聲音，總是溫柔得令人陶醉。

她教授的是整體瑜珈，也就是總括所有派系的精神。而陳老師還翻譯的《瑜珈經》及《博伽梵歌》中的每一條經文，這是修行整體瑜珈所要遵循的。

印度是一個文化古老的國家，也是瑜珈的發源地。那兒的喜馬拉雅山是『靈山』，恆河是『聖水』，皆為瑜珈帶來無限的啟引。整體瑜珈 Integral Yoga 每年都會組團，由陳老師帶領前往印度，穿梭在『靈山』、『聖水』之間，學習瑜珈、訪聖城、探名山、遊靈水，幫助大家獲得身、心、靈的認知與提升。

陳老師遊歷過整個大印度。在印度時，陳老師會每天早晚就在旅館或附近空氣清新、風景優美的地方練習體位法、呼吸法及在山中或河邊上一堂瑜珈哲學課程。將瑜珈融入在旅程中，就是一種心靈的饗宴。

有一次，在她的新書發表會中，她穿上印度傳統的衣服，跟大家解釋經文。我聽得熱淚盈眶，不是因為聖靈感動，感動我的是她對於終身熱愛瑜珈的追尋與努力。我們都是人體肉身，肉體是會消逝衰老的，唯有我們的靈魂才是永恆的。

陳老師告訴我，翻譯《瑜珈經》及《巴坦加里的瑜伽經》做這些我都是有一種使命感的。有一次，他的老師沙吉難陀大師跟我說《瑜珈經》還沒有發行中文版。當時，這就需要花費很多的時間和精力，但是他就覺得這件事情非我來做不可，他要把自己的感悟分享給大家。

我還有一個好朋友淑媛姐，她在退休之後，開始探討生命的意義。有一段時間，堅持抛夫棄女（其實老公也退休了，女兒也嫁人了），跟著老師四處服務。我當時就很佩服她的勇氣。畢竟每一個人都期待快樂，依照個人身心的發展去尋求。有些人希望得到身體健康、心情穩定愉快、智慧開啟；有些人從經驗中去學習、尋求永遠的快樂。

讀後筆記：

# 第3部

# 解鎖退休六怕

# 第11章

# 退休有那六怕？

最近不小心看到網路報導PTT的八卦版上的討論，有一名網友好奇在批踢踢發問，「台灣有錢的老人為什麼那麼害怕退休？」結果引起很多人的留言，這些留言，有沒有說中你的心聲呢？

原PO在批踢踢八卦板的人非常好奇，為什麼台灣有一堆老人，都70幾歲還一直想工作？有些人身體都一堆病還不想退休？他能理解那些經濟吃緊的家庭，老人只能不斷持續工作到老死，但是無法理解很多有錢的老人拼命工作。到底是甚麼樣的心態？

批踢踢中引起網友的發言，網友有的說「還有兒子孫子要養」、「人家做身體健康的……」、「等你變成老人的時候就知道了」、「工作就是他們的人生，退休不會找到事來做」、「捨不得權力」或是「你不知還有好幾房要養」，也有人回「年輕時只知道工作，老了什麼都不會，只會工作，也不想培養興趣或獲取新知」。

還有人說「退休後無聊沒人陪吧！」、「你根本不懂，人有個目標才有精神活下」、「退休死更快」、「沒工作就會是邊緣人」、「老人真的選擇很有限，又不像年輕人可以嘗試一些有的沒的，心態上也疲倦了，所以工作反而是熟悉的事情啊」、「這是他的生活，不是工作」、「你不知道老人沒事做很可怕滴」。

看到這些網友的回覆，我身邊的朋友說雖然是年輕人的討論版面，但是也點出很多人不敢退休的理由。

你為什麼怕退休，答案有在上面嗎？

台灣將在 2026 年進入超高齡社會。

根據國發會 2020 年 8 月 18 日的公布，如果以 2020 進入人口負成長的速率估算，還可能提前到 **2015 年進入超高齡社會，大家很快就會迎接這一刻的到來。**

隨著人口老化的改變，使得退休、長照、銀髮照顧等議題，愈來愈受到重視。最近就有幾項調查發現，**老後普遍最擔心害怕的兩件事，就是「沒錢」和「孤獨」**。

事實上，**沒錢通常是一種心理的狀況，而非真實的情況**。在本書當中已經有提到如何盤點自己的資產，透過盤點之後，可以更清楚瞭解金錢的運用，而不是一直擔心。**孤獨如果只是怕無聊，已經有一些解方**。

前資策會產業情報研究所所長、**詹文男博士 2019 年出版的《不老經濟》，書中有提到銀髮族的 6 大「怕」點：怕生病、怕沒錢、怕無聊、怕尷尬、怕無能為力、怕死後不安**，提出新一代高齡者的特徵與需求，並分享成功企業的經驗，提供台灣企業主從中開拓銀色新商機。

事實上，**新世代高齡已經是全球商機，廠商不能錯過，而銀髮族也能夠因此提高生活品質。**

1. **怕生病部分**：有日本健身房專門幫年長者設計專屬的運動，有經驗的教練會教導年長者短練足部，預防跌倒，或是跌倒時該如何反應，以降低危險。日本曾做跨國型的調查跟研究，發現一般民眾最害怕的疾病是癌症跟失智。日本就有 Bspr 公司設計好玩的遊戲，就在智慧型手機當中每個人都透過測驗或是競賽的方式動動腦，有效地改善腦部認知功能。

2. **怕沒錢**，則是有提供派遣或是工作分時，打造高齡者的工作模式。例如，高齡者喜歡早起，就可以擔任清晨貨品上架員工 2 小時；怕沒有錢的另一個解決的模式就是擔心長者的積蓄被騙光，因為很多長輩的資訊不對稱，辨識能力不好或是認知力比較低，就會成為詐騙集團的肥羊。在美國就有一家新創企業把詐騙黑名單建立起來，甚至把可疑商家也列入名單，在長者刷卡使用時候，不會受到限制，但是如果是詐騙集團，則會終止付款。

因為這位新創公司的祖母被偽慈善集團騙，後來雖然在家人的努力下，把錢追回，但是家人跟祖母之間也發生很衝突。家人擔心她再度受騙，拿走祖母的支票簿，祖母喪失經濟的能力跟自尊，於是覺得自己失去能力、失去自由，也開始自我封閉。這才激發孫子創業，創業的動機是為了給長輩尊嚴，卻也成為最大的商機。

3. **怕無聊**：這可以有很多的課程設計，品酒、喝咖啡、園藝課程等設計；此外，還設計銀髮族的留學課程。**年輕人留學重的是學位，但是高齡者的留學重的就是體驗。**

4. **怕尷尬**：老的時候，很多人會出現兩極做法，一是積極的抗老，二是已經老了，不必打扮了。日本資生堂就認為，不必因為自己老了，就覺得不需要打扮，也不必尷尬不自在。資生堂提出老的優雅有型的概念，派出有年紀的講師跟高齡做化妝療法。果然發現化妝之後，高齡者出現自信的微笑，就連吞嚥功能都有改善。

尷尬還會出現在難以啟齒的情況，那就是漏尿或是尿失禁造成的情況；還有長者因為要包尿布出門，擔心會露出異味，堅持不出門。因此有公司開發一款排尿預測設備，只要在腹部裝一個感測就可以先提醒要上廁所的通知……還可以設定走路速度或是輪椅速度，在前10分鐘或是前30分鐘，發出通知，以免來不及。

5. **怕無能為力**，重的東西搬不起來，讓家具變得更輕鬆好用。

6. **怕死後不安……**

這六怕可以在《不老經濟》這本書中詳細閱讀。

在我跟聽眾做的調查當中，大多數人也是怕死、怕失智、怕孤單、怕沒錢、怕老；還有一次調查中，有人舉手說「怕沒有新戀情」，引起全場大笑。

以我自己來說，我除了不怕死之外，其他都怕。死了就死了，我也不必煩惱，但是沒死之前，要把自己怕的部分解決，之後就無所懼怕了。

# 第12章

# 怕生病——開始運動來解鎖

運動，對我而言，是一個奇妙的旅程。20年前，我在非凡電視台訪問一位古玩專家。下節目之後，我們一起搭計程車。當天下著大雨，他一手拿資料，一手撐傘，我兩手抱著花籃，正愁騰不出手招計程車，只見他抬起右腿，高過於頭，輕鬆攔到車。我驚呆了。後來知道他練瑜珈20多年。運動給我的啟蒙，跟那一次的招計程車有絕對關係。

認識我的人都知道，我不愛運動。小時候，升旗典禮只要致詞太久，我就會被同學抬去司令台下休息、上體育課舉凡籃球、排球常常需要補考；大學時候，我的體育課選的太極、劍舞、扇子舞，比劃一番，總可過關，但是學校規定游泳課是必修，我哭著分段游完，才拿到畢業證書。我總是力行能躺就不坐，能坐就不站，從不擔心自己由植物變成礦物。

幾年前一場大車禍，我的大腿股骨斷了，坐了4個月輪椅；之後，由四柱拐杖，一路進階到三柱枴杖、雙枴杖，到後來走路都必須要單手的手杖協助；1年過後，已慢慢可以走路了，卻發生之前植入的鋼釘斷裂，我再度經歷輪椅、拐杖的生活。前後5年的時間，我斷腿、再斷鋼釘、再開刀取出。這一連串崩潰的人生，讓我跟運動徹底絕緣。當時，我只能在妹妹的照顧下，開始在醫院復健，偶而也在家中附近散步，連快走、跑步都是不允許的。

2年前的盛暑，美女同事Sendra邀約我一起去上「TRX」，看她身材曼妙，又保證運動之後可以大吃麻油雞、接送我回家。儘管上課之前難免痛苦掙扎，但是在麻油雞的飽足感中，得到無比的幸福感（過去大吃大喝浮現的是罪惡感），更因為當時才開始流行TRX，我還有一絲的虛榮感。

運動需要同伴，也需要好的教練。我的教練Leo非常年輕，在上課的時候，留意每位同學的個人情況，並且加以調整、修正；每隔一些時候，他還會變更教室的訓練器材，讓大家上起課來更有新鮮感，因為TRX跟核心肌群有很大的關聯。

我幾次回台大門診看大腿的情況，醫生都覺得有明顯的進步。我觀察教練常常在進修，也常常帶孩子出遊；在他課程滿檔時候，依然要喬出時間，顯然是一個精進愛家的教練。如果硬要挑毛病，我會覺得他的計時器應該有問題，因為廣播做久了，大概知道30秒要多久，但在上課時，都會覺得秒數超久。

後來，我的廣播節目邀請肌力教主彭淑美老師來上節目。她在直播跟廣播中都展現了積極的活動力；當時她的年紀是68歲，身上沒有一絲的贅肉，我看著她活力跟魅力四射，激動有如當年看到用腳招計程車的想望。我想，我以後一定要跟彭老師一樣，身材健美、精力充沛，走在路上還被小夥子吹口哨。

在Leo的教室中，我可能是最資深的學生；在彭老師班上，我算幼齒。有幾次我喊太累，彭老師就會問，王大姐，你幾歲？我的同學王大姐就會說，我82歲；這時候，我也就在眾人笑聲中閉嘴了。

近3年的運動生活中，我沒有變成紙片人，也沒有練成金剛芭比，但是在強力運動2年多以來，我的旅行變多了，我終於到人間天堂的瑞士深度旅行，也完成走山的目標。

在多次的自助旅行中，我拖著20公斤的行李上下車、階梯，也不會氣喘吁吁（我可以舉40公斤槓鈴呢）。

前不久的旅行，我扛著隨身的行李上飛機，身旁的外國紳士示意要幫我把行李箱放上去，我微笑地說「No Problem」，看我輕鬆上架之後，他微笑地說「Good girl」。對一個走過半世紀人生要奔向一甲子的女性，還能夠被叫「Girl」……這是運動之後，給我的最高獎勵了！

# 第 13 章

# 解鎖婚姻
# 讓生活自在

很多人會唱「愛是恆久忍耐又有恩典，愛是不忌妒」。過去忍是美德，至今還是成為婚姻裡面的標準配備。孰可忍、孰不可忍。有外遇、暴力傾向、控制慾，通常是不可忍；至於夫妻冷戰、猜忌、溝通不良、漠視等等，則是因人而異。長輩或是親友閨密團都會以互相忍耐、各退一步來相勸，但是到了中年過後，我認為婚姻關係真的可以不必忍了。

中年過後的婚姻，還是會圍繞著一個關鍵，那就是男人會認為責任已了，對家庭並無虧欠，一方面還迷戀在公司的呼風喚雨能力，放不下身段；另一方面，他們習慣依賴婚姻中提供的一切服務（煮飯、洗衣服），而女性一輩子除了工作、家庭責任，還擔任情緒勞務，情緒勞務非常的傷神甚至傷心。

例如，我的好友，婚後辭去工作，專心照顧家中老小，但是老公常常不經意的說出「1年賺500多萬元，怎麼都沒有存下錢」，聽起來，好像是太太不會打理財。

事實上，他們負擔孩子在國外的教育及生活花費，還要照顧公婆的生活開銷。這種情況下，可以想見老婆承受的生活壓力之外，還要承受來自先生的情緒勞務。當然這也包括青春期孩子、老公應酬、公婆意見等等，這些情緒勞務沒有退休的時候。

很多夫妻一輩子都在為錢爭吵，有些是理財觀念不同，也有對於退休生活不同的期待。其中最常出現的是先生一年賺的錢，發現老婆沒有好好的管理。

說起這件事，男人哀怨說自己像一頭牛努力工作，最後落得像提款機的命運。有一次我訪問張明輝大會計師，他提出一個例子，我在此分享給懷疑太太理財不當的男士參考。

張明輝會計師舉的例子是先生1年賺700萬元，首先扣掉年終獎金100萬元，因為這100萬元是次年3月分紅才會拿到，所以太太實際拿到是600萬元；其次，孩子念雙語學校的學費是100萬元，買預售屋頭期款150萬元，孝敬父母50萬元。換算下來，1年可以用的錢是200萬元。這些才是太太經手要支出包括每月吃喝、一年安排的旅遊花費，甚至聘用外傭的支出等等，所以不要以為你上繳太太多少錢卻沒存多少錢，就以為太太持家不力。抱怨太太之前，基本的原則要先了解一下。

我訪問過很多退休的男人，其中以李偉文為代表。他自己規劃退休生活，言必稱老婆指示。很多時候，他也勸男人要放下身段，拉緊老婆的衣角，以免老婆出門不帶他去；江育誠也是說，迷戀手錶工藝，後來也喜歡畫畫，每每在老婆叫吃飯時，一定在第二次催促前，就在老婆面前報到。

## 1. 退休之後的婚姻關係要增添幽默感

不管是寫書、訪談，他們總是會幽默看待夫妻關係，這是我訪問的退休好男人，**幽默是退休男人的必修課**。

但是我身邊的屆齡退休的男人們，通常既缺乏幽默感，也不會有主動的行動力，他們不像這些名人對待太太。有的人對於太太找教練運動健身不以為然，認為在家即可以自己鍛練；也有先生對於畫畫已經多年的太太，從來沒有稱讚一句，連老婆開畫展也都沒有獻花或是現身；還有先生每次一起參加姊妹淘聚會之後，回家就會批評姊妹淘都是「三姑六婆」；還有先生不願意參加老婆的聚會，但是等到老婆開心聚會回家時就要看到先生的臭臉。這樣的男人不少。

我身邊的閨密好友就有一對典型格格不入，但是大家都喜歡稱為「互補」的夫妻檔，因為目前還在婚姻關係中，所以可以被我拿來分享。

年輕時候，這對夫妻一起努力拚搏事業，希望趕快買房、換屋；幫孩子存教育基金，希望孩子出國念書；也留意要幫自己退休金。因為共有這些家庭的共同目標，他們就算個性迥異也未影響婚姻；一方面在工作忙碌中，交集少，除了家庭問題，也沒有個人感受問題。此外。也是受到社會化的制約，個性上盡量的收斂。

中年過後，共同目標都達成了，制約變少，彼此開始有很多需要調適的。太太一向個性開朗，喜歡跟朋友見面聊天；先生受日本教育，個性相對保守，少了幽默感，當然因受日本教育，也不會拉太太的衣角；此外，夫妻的興趣也不一樣。先生喜歡打高爾夫球，太太對於運動一點也提不起勁；先生喜歡威士忌，太太喜歡紅白酒；先生喜歡中餐、太太喜歡西餐；還有一個喜歡滷肉飯，另一個喜歡牛肉麵；旅遊也是大不同，太太喜歡先玩遙遠的地方，先生喜歡走鄰近國家。總之，他們很不一樣。

我的一位大嫂，年紀長我一輪，他跟大哥的婚姻生活給我很大的啟示。可能因為我們的背景相似，都是外省第二代，我們的父親是外省人，母親是台灣人，也就是「芋頭番薯」，都嫁入典型的台灣大家庭中。

在這樣的家庭背景中，早年都有磨合期，因為孩子陸續出生，也順利退休。不過這位大嫂告誡我，退休後的婚姻關係中，將是危機四伏；有一次她生病住院，都由女兒照顧，好不容易先生開車送便當來，卻打電話告訴女兒「沒有停車位」，要女兒把大嫂喜歡吃的鰻魚便當拎上樓，自己就開車回家；後來大嫂跟大哥都住院，有一個妹妹到醫院探望姐姐，沒想到大哥把妹妹當佣人使喚，大嫂跟大哥抱怨，不要把娘家人都當成理所當然的佣人使喚，大哥還認為是大嫂小題大作。

總之，女人的人際關係與男人細微一些，因此在生活感受上也容易出現刻苦銘心的刻痕。

因為跟大嫂親近，我也知道他們也有好幾次冷戰也提過離婚，但總是沒有成功，因為離婚容易，但是很多關係是離不掉的。

大嫂總是說，中年之後，聽到大家都想離婚；但是還有另外一個不離婚的選擇，那就是生活在一起，但是感情離了，負擔少一點。他還是會跟大哥一起吃飯、參加朋友聚會，但是更多時候，大嫂自己畫畫、學唱歌，過自己開心的日子。我認為，也是一個很好的選擇。

每一對夫妻的關係都不同，攜手一生，自然是幸福人，只是很多人都會在中年之後，出現一些危機，而退休之後，更是另一個考驗。

## 2. 離不離婚都好

我發現，**不適合的人，離婚了很好，也許兩個不幸福的人，可以成就四個幸福的人。**

在寫書的同時，我也很喜歡看書。在本書中，我也多次提及人到中年不要放棄學習，閱讀書籍就是一個很好的管道。我當時看的是《洞悉市場的人》，可以說是投資界的傳奇故事。書中也談到這位投資大師吉姆．西蒙斯，在很年輕的時候結婚生子。當年他23歲，老婆18歲，後來以離婚收場。書中提到西蒙斯富可敵國，而他的太太芭芭拉離婚後去柏克萊攻讀博士，後來進入ＩＢＭ擔任研究員，還當選電腦協會會長，肩負教育以及成為美國電子投票安全的設計專家。後來她對於這段婚姻只評論「我們太早結婚了」，後來他們各自婚嫁，也都有很好的婚姻生活；書上也提及西蒙斯賺進世界財富，但是也須面對痛失兩個愛子的艱困心靈。這是另外一個話題。

我還記得一部電影叫海邊走走《HOPE GAP》，我一直很喜歡面無表情的男主角Bill Nighy，女主角是影后Annette Bening，慢郎中跟熱情有活力的組合終究出了問題，男主角出走，與學生家長相戀，變成快樂的兩個人，留下一個不快樂且紅顏已老的女主角。

**不離婚，也很好，只要兩個人各自快樂，也很好；當然不離婚也不用當成陌生仇人。**

像大嫂一樣，她雖然早已經越過一甲子歲月，但是因為運動健身，又喜歡學習新東西，永遠看起來漂亮優雅。她曾經告訴我，大哥生性節儉，常常捨不得穿漂亮的衣服或是新的鞋子，永遠把最好的東西掛在衣櫥中。等有一天拿出來了，才發現，衣服已經泛黃，鞋子也因為多年沒有穿，早已經瓦解，而她也像是先生珍視的一件寶貝，只是先生不了解她的生活模式。

現在，她不依賴先生把她帶出去，而是自己決定用喜愛的方式過生活。現在的大嫂擁有婚姻家庭中良好的關係，上個月參加姪子的婚禮，她與侄子感情像是母子。婚禮上，還上台為姪子祝福。我在台下看到大嫂的生活方式，有說不出的感動。

中年過後，會發現很多事情都不是0與1，包括夫妻婚姻生活，不用粉飾太平，也不用演戲來符合眾人的期待。

在心理學上，有一個專有名詞是「非理性信念」，以往社會的價值觀在於勸和不勸離，又或是很多人會認為，女性應該溫柔、撒嬌、放軟姿勢等等。這些觀念綁住了你，讓你動彈不得或是委曲求全。那麼你在中年時候，需要慢慢地洞察以及解鎖這些非理性信念，才能夠在婚姻關係中更加快樂自在。

附帶一提，大嫂是單純職業婦女，過去生活也是在家庭跟工作皆求取平衡，並非女性運動前輩，在婚姻關係中越過花甲年紀，才體驗到婚姻中離與不離中的新選擇，而且她兼顧得極好。

中年以後，看盡周邊朋友，包括我自己的婚姻關係。我認為夫妻並非多溝通就可以拉近距離或是改善關係；有時候，只要**自己察覺，明白自己想要過甚麼樣的生活，**

這才是中年過後應該具備的婚姻智慧。

# 第14章

# 中年過後的大人友情

**中年過後，不斷地失去，包括親人、自己的健康、青春、工作，甚至友情。**

父親在我30歲那一年過世，而我依然記得父親庭訓。他總是叮嚀「40歲不要深交朋友」，原因是，這時候交的朋友大概都是利益往來，難見真心，還是年輕時期交的朋友情真意切。

我也真的有很多好朋友、好閨蜜，大家在讀書的時候就相知相識，像我跟小真相識在16歲，跟薛以及美瑜相識在18歲，也有很多同學阿爽、Linda、Lingo、元慶、裕榮、小儀、美杏、Amy、如慧，還有救國團時期的小蘭、璧薰、蝦味先等等，加上工作認識秋芳、若男、珮華、蕙英應該都有超過30年的友誼。我們常常一起打鬧玩笑，更會用泡湯見證情誼。

## 1. 朋友要知心而交

就算到了奔六的年紀還是可以交到知心好友。我跟偉秀相交多年，起源就是同為鄰居，後來就算我們都搬了家，還是常常聊天散步跟談心。近一年中，我還跟乾媽淑芬成為好友。她年紀跟我相仿，我跟著她的朋友一起這樣稱呼。她個性活潑開朗，又細心熱情，搭配先生的穩健醫師性格，在朋友圈中有大好人緣；另外一對有醫療背景的夫妻檔家祥跟嘉惠，我們因為在日本料理店比鄰而坐，後來成為好友。我們都愛吃也熱情，總是有聊不完的事；還有很奇妙的朋友萬雄，因為年紀比我小很多，我待他如小弟一般。幾年之後，他除了本業，閒暇之餘專攻紅白酒研究，後來也成為我的顧問。

中年過後，最難熬的是友情變調。如果朋友是一夥的，更容易出現同儕壓力，希望你們重修舊好。這點，我也經歷過。當下的確是痛苦。儘管是小事，但是背叛或是被漠視的不尊重感，總是會讓情緒陷入低潮，尤其動著數十年的友情付諸流水，自然傷神傷心。但是，人生相聚，可以無情有義；友情逝去，不再是閨蜜，但也不至於變成敵人，不必勉強自己。

我曾經在中年時候，發表過叛逆清單。當時是因為大家都在流行「死前一定要完成的幾件事」，我覺得這樣太悲壯，不如讓自己來中年叛逆一下。對於中年的友情，我也發現是清單之一，朋友總有保鮮期或是保存期限，時間到了，緣分盡了，就各自安好，也不需要強求。

## 2. 人生要有3老

在中年過後，迎向退休生活中，有謂老本、老友、老伴等「3老」的重要性。其中以老友來說，不一定會是兒時玩伴。一起工作過的同事、鄰居、教友、同修，只要價值觀相似，說話投機又值得信賴，都可以成為一起共老的好朋友。**我甚至都認為，有朋友陪伴，比老伴、甚至房子更重要。**

因為中年過後，我 2010 年到政大商學院念書。當時，我發現學校當中有名師，還有益友。當時好同學交換人生故事，也交換工作經驗，更多的是惺惺相惜，給我很大的啟發；也讓我在中年之後，更願意交朋友。

目前發現很多朋友，都是中年相交，相知相惜。

我的同學 Keeper 是達芙妮創辦人，富樂退休的典型代表。他除了帶領我們吃喝玩樂，還跟我分享他接班失策的心路歷程。在我心情低落時候，他也總是會用笑話逗我開心，他的人生智慧已經在談笑中不斷湧出。因此一段時間的固定聚會時間，總是讓我期待。

另一個朋友 Kenny 自己創業，而且版圖由台灣往歐洲進展。中年時候，喜迎最強小三的小女兒出生，孩子先天有心臟的問題，必須開刀，而他又必須在事業上台灣英國飛行，照顧的重擔全部落在太太身上。

## 3. 要懂得隨時給另一半一個驚喜

我們有一次境外教學，搭飛機去東歐，因為座位鄰近，兩人都在長途飛行中無法成眠，於是打開話夾子，一路聊天，悲喜都聊。後來，我發現他工程師的思維，儘管關心老婆孩子，卻是難以出口。我鼓勵他跟老婆表達謝意，也分享孩子開過大刀，但是身體健康安好在自己身邊就是幸福。

我跟他分享我跟孩子的事，他也完全了解。後來，我陪他在東歐選禮物送給太太，聽說，太太驚喜不已，再加上他誠意溝通，夫妻兩人打開心結。

倒是他自己送給大兒子的禮物，他記得他挑的是企鵝，不過兒子說那是「烏鴉」；後來，經過我們鑑定，果然是烏鴉，可見這位工程師同學有多可愛。

除了同學之後，學校中的老師都是名師。他們授業之餘，也常常關心我的生活。我在失去孩子時候，周行一老師叫我去念書，他說到學校可以透過學習新資訊忘卻痛苦；我斷腿開刀時候，老師在忙碌之中，多次傳訊息問候關心；于卓民老師，也常常關心我的工作以及家庭生活。這些都是良師益友。這些都令我難忘。

人生的財務支持系統固然重要，但是親朋好友的功能超越金錢。我跟朋友分享，在我斷腿以及在兩次開刀的經驗中，有妹妹照顧日常，後來妹妹體力負擔過大，到後期也請看護協助。

我們姊妹的個性通常溫良，不會苛責看護協助人；當然，很多時候看護不易找尋，我們也怕看護不做，所以妹妹跟看護分工；有時候，也會讓出時間給看護出去逛逛，順便吃晚餐。

我有一位好朋友，他很年輕就離婚，非常專注在自己的事業，賺得可觀的財富，也早早幫自己買了長照險。他常常告訴我，已經幫自己的退休生活安排好，但是我總覺得他好朋友不多，甚至很多時候自閉，不會主動邀約朋友，更鮮少赴朋友的邀約。後來，我還是勸他，雖然長照險買了，萬一發生問題，的確有一筆錢進來，但是錢進來，只解決一半的問題，另外一半的問題是誰來幫你找到適合的看護？誰來關心你的三餐？我跟他開玩笑，如果看護虐待你，或是每天三餐都煮同樣的菜餵你吃，你會不會痛苦？

公公住院時期，我們也請過看護，後來發現一位看護，非常喜歡看電視，幾乎離不開電視。當時公公虛弱的聲音叫不動她，還好是家人發現，趕忙換一位看護；我的小嬸住院期間，我到醫院探望她，當時，也有朋友的媽媽住院；有時候，我想都在同一個醫院，就會兩邊探訪。小嬸這邊，子女都在，有人照顧；朋友的媽媽那邊，我發現看護一直罵臥床的媽媽；也看得出媽媽的脾氣不好，看護跟外籍看護都幾度出現無奈的眼神跟抱怨的聲音，但是我選擇沒有跟朋友說，因為家家有本難念的經。我短暫的探視，又能理解多少，還是關心就好，不多碎嘴。

## 4. 人生更多時候需要朋友

我跟朋友聊了幾次之後，發現他有覺得，**人生不是只有錢就可以解決問題；更多時候，需要朋友。**

我記得，我自己在病床上，常常會天馬行空的想吃東西。我的好妹妹當然都會滿足我，舉凡麻油腰花、蓮藕排骨或是蚵仔煎，都難不倒她；有時候嘴饞，想吃豆花或是冰品，她也會買給我吃。**每一個人都可以想一下，如果有一天，很想吃一樣東西，你有姊妹家人或是好朋友會買去給你吃嗎?如果有，相信你會很幸福的。當然，也要想想自己能不能也成為別人的好姊妹。**

朋友的好處多多：幫你在就醫時候，有個討論商量的人、也會幫你挑選看護、探病時陪你聊天、知道你想吃的東西、當你身邊的監護人；而且多跟朋友聊天互動，可以降低失智的機率。目前已經有很多的文獻都鼓勵大家多聊天，預防失智。

我後來發現，除了老友之外，要交新朋友，甚至交小朋友。我在中年之後，交了新朋友，大家交換醫學新知，也一起吃美食跟旅遊，開闊生活空間。

因為工作的關係，我也有很多年輕的小朋友，他們雖然都叫我「韻芬姐」，但事實上，他們的母親都跟我差不多年紀。如果以輩分來說，他們應該叫一聲阿姨才對。

跟年輕人在一起，會得到很多新的資訊。我的製作人費容就比我年輕，很多網路新聞、YouTube 或是臉書的經營，她就是得力助手。我有時候提很多蠢問題，她也會耐心教我；還有很多年輕人，過去都是我節目的得力助理，因為年紀跟我的孩子相仿，我總是對待他們像孩子一樣。我特別喜歡女生，可能跟自己沒有生女兒有關，筱慈、貝貝、安安、庭萱、庭歡就像孩子一樣；幾個男生像阿哲、書銘、阿凡，我也待他們就如同自己的兒子。

他們離開電台節目工作之後，各個遠走高飛，但也常常回娘家來看我。我們交換工作心得，聊八卦、聊他們的人生規劃。他們觀念新、體力好，會到家中幫我安裝音響。

我在想，跟年輕人在一起，他們以後還可以來掃我的墓，這樣我也不會太無聊。當然這是玩笑話。只是交朋友不須設限。我在學校兼課，學生的履歷表，我都樂意協助年輕孩子修改，給他們信心；有時候，孩子會說，老師，我在辦快閃活動，快用你的惡勢力，幫我宣傳一下，我也覺得很開心。

# 第15章

# 快樂比健康更重要

有一次我翻閱雜誌，看到一句話**「覺得老到可以死了，是一項成就，不是挫敗」。**

這句話的意義在於，**能夠享受生命，就可以從容優雅的老去，再白話一點的解釋就是要活得快樂自在。**

榮總高齡醫學中心主任陳亮恭是我節目的固定來賓。我們談過很多面對高齡的議題，包括從寬解釋60歲以上年紀的血壓、了解藥物的副作用，也談照顧者會出現病床邊小媳婦跟天邊孝子的現象。

有一次跟他的訪談，讓我感觸很多。他舉了兩位老太太都是同樣年齡72歲，一位是有五種病，每天三餐要吃六顆藥的李媽媽，她總是按時吃藥。之後，她去上教堂、跟鄰居吃午餐、晚上參加音樂會；另外一位同年齡的王媽媽，只有一個毛病，三餐要吃兩種藥，但是因為擔心出門跌倒，總是足不出戶。你覺得哪一位媽媽比較健康？哪一位比較「快樂」？

很多人都會以為，吃藥多一定比較不健康，就如亮恭醫生的說法「人在江湖行走，怎能不吃幾顆藥」。有正常服藥、正常的社交活動的人，才是健康又快樂。

## 1. 老後的社交生活

**健康快樂有個很重要的指標就是有正常的社交生活。**在我們進入退休生活的時候，我們會考慮運動健康、考慮居住場所，好像安排好了，就可以快樂生活。

舉個例子來說，前不久，英國成立新天地共居社區，正確時間是 2016 年正式成立，在此之前，他們花了20年的時間爭取、核准到成立。

根據新聞的報導，新天地位在北倫敦距離地鐵北縣最後一站，交通還算方便。社區當中有25個公寓，11間單人房，11間雙人房，還有3間3人房，最大的3人房大概要價40萬英鎊，折合新台幣大概新台幣 1600 萬元。

這個社區是由會員們共同設計的，他們標榜有充足的光線，也有充分的社交的場域。他們從買地建造到行政手續，總共花了 460 萬英鎊，折合新台幣也將近2億元。這個社區，強調不是共學或是醫療照顧，而是有著相同年紀的鄰居一起生活。

他們從有這個想法到完工，共花了20年的時間。當時共同推出的6位成員當中，也只剩下86歲的 Shirley 見證了這一份理想。他們希望新天地不是老人之家，所以沒有提供課程，也沒有提供醫療的照顧。他們大多數是已經退休的人，來自各行各業；有一些人可能單身，有些人已經離婚或是喪偶；他們強調是一群互相照看的鄰居。所以這個社區規定只有50歲以上的女性才能夠入住。

剛開始他們並不是很順利的，因為他們只決定由女性來入住，規定男性的親戚或伴侶可以來訪，卻不能夠一起入住。當時政府官員也認為為何社區只限女性居住。

現在這個女性共居在英國銀髮生活型態上面算是一個革命性的實驗。至於為什麼這樣的社區只限女性？根據研究全英國有364萬超過65歲的獨居人口其中7成是女性，加上女性平均壽命高於男性，使得女性往往都是孤獨終老的那一位，因此女性互相照看的生活方式就引起女性的注意。

## 2. 老後跟誰住？

事實上老人自主共居的想法源自於丹麥在1960年代，而後在荷蘭也發展得非常得成熟。荷蘭全國有1700萬人口就有230個共居社區。政府非常支持這樣的供給模式而且發現年長者在此會更健康更快樂。

目前看到一般人對於老年之後的生活方式，總是有很大的恐懼。有很多人希望跟子女同住，認為比較有安全感。

我的一位好朋友，公婆與他們同住，雖然生活還算和平共處，婆婆會幫忙照顧傍晚下課的孫女，而且公婆早睡，並沒有干擾小夫妻的生活，只是，婆婆半夜常常會呼喚。例如公公咳嗽、肚子痛，婆婆就會驚呼「咳到快喘不過氣了」或是「肚子痛到快不行了」，要求立刻送急診，他們就必須要起床送醫院。

這樣的生活模式，的確讓他們吃不消。還好我的朋友能夠理解，公婆年紀大了，擔心一個小閃失就會失去老伴，因此婆婆總是神經緊張。我想對於很多長輩想要跟子女同住，可能也是需要被照顧的安全感。

被照顧當然有安全感，但是也會有相對的被控制感。我的朋友一家和樂，子女孝順，也有請看護照顧年邁媽媽，因為考量媽媽英文聽不懂，女婿特別挑台籍照顧者。

這位年紀大一點的看護阿姨陪伴老人家。阿姨年紀大，不用負擔家中清潔煮飯工作，只要陪著媽媽聊天、散步、洗澡等工作。我們去她家總是能夠感受到幸福的氛圍，但是媽媽偶爾也會抱怨，想要領個10萬元，給考上大學的孫子，總是被女兒阻止；朋友介紹遠紅外線機器可以讓她腰骨舒服，女兒跟女婿也不答應買。雖然我一直明白女兒一家人已經很孝順媽媽了，但是媽媽的抱怨並沒有停止過。

也有人會想要去住養護中心。我的好朋友秀媛大牌的媽媽，李媽媽是個畫家，個性非常可愛，有一次畫牡丹花送我，說這幅或是符合我有錢花、能盡量花的要求。我至今依然高掛在我家客廳。

李媽媽個性活潑，主動提議去住安養院，而且住得很開心。大牌說，剛開始去看媽媽，總是跟妹妹買了一堆水果去；後來，媽媽說不要再買了，因為朋友送的水果吃不完。原來，媽媽很快就交到好朋友。媽媽在家裡時候，鄰居都叫她「奶奶」，沒想到去住安養院，大家都喚她「蘭妹」，一時之間，媽媽變得更有活力。有一次，大牌臉色憔悴，因為媽媽生了小病，大牌不放心，硬要媽媽回她家調養身體，但是媽媽還是想念朋友，急著回去安養院。

## 3. 認識老後台灣的養護中心

台灣養護中心的現象是：知名的養護中心，要排隊十幾二十年，立刻有床位的養護中心，大家還不敢住進去。養護中心跟醫院不一樣，醫院等病床還容易，畢竟好了就可以出院，但是養護中心要等到有人畢業了，才可以補位進入。

目前長照還是聚焦在看護或者是醫療系統的建立，大家覺得有好的醫療，好像是晚年不健康，身體的重要保障。但是很多人忘了，晚年最需要的是獨立的快樂跟尊

**嚴**。我覺得大牌媽媽給我很重要的生活提示。

後來，我跟兒子說，如果你結婚了，不用跟我住在一起，你們自己住；但是如果有一天醫生告訴我去日無多，我希望你陪我過人生最後一哩路。這樣的想法是先給孩子自由生活的空間。

畢竟，我身體強健，孩子也正值壯年，如果生活在一起，所有的小衝突都會被放大，這樣的生活方式如果累積出來，將是一個可怕的未爆彈。

但是如果大家各自安好，周末日相聚就好，一直延續這樣的感情，到了必須道別時候，孩子也會更心甘情願地陪我到最後。這種方式是我目前最喜歡的模式。

後來，因為好友秋芳得了早發性失智，常常也記不得我了。我因此交代兒子，如果有一天，我忘記你了，請你幫我送進養老院，不要放在家裡亂成一團，拖累你的生活步調，一樣周末來看我就好。這次，兒子沒有答應，他只回我「你白癡歐，你忘記我了，可是我還記得你啊」，我想我還要跟他多溝通，畢竟，真正活過的人，不怕死，只怕失智跟怕拖累家人。

# 第16章

# 中年後的旅行以自己為主

我替自己列了一個超酷的「叛逆清單」，把所有想做的事情都寫下來，包括：開始去運動、學畫畫、學騎腳踏車、學游泳、搭郵輪、入住豪華的半島酒店、心情不好就怒吃、跟閨蜜一起旅行、自己「拋夫棄子」去旅行。清單中，旅行的比重很高。

叛逆就是「我最不會做的事」，我就挑戰看看我真的不會做嗎？

第一件事是運動。以前我真的不愛運動，現在我會做有氧運動，還會去重訓啊、做TRX（阻抗運動）。

第二件事是我從小都不會畫畫，我就去學了畫，還跟老師一起辦了畫展。

其他像是騎腳踏車、游泳，試了結果還是不會，但是沒關係啊，至少你做過就不會後悔，但不做，以後一定會後悔！**中年過後，想做，但是做不來就放棄，因為努力過就無所謂，一切還是自在最重要。**

以前出差或是旅遊到香港時，總是想去香港半島酒店喝下午茶；後來，我一直想要去住，還想要去看停機坪。聽說有錢人都是直接降落在樓頂，直接下樓。去年，我就真的帶著兒子去開眼界，除了住進夢寐以求的房間，還見識到送信的小窗口，開窗就是維多莉亞港，後來我真的坐上遊艇觀光，也看到直升機的停機坪，滿足了所有的好奇心。

因為兒子開始工作，我想要帶他去香港買一些襯衫。一直記得年輕時候，弟弟在香港工作，那時候，我去過幾次，也很喜歡逛街買一些東西，都比台灣便宜。後來兒子也在香港短暫工作過。因此，對於香港並不陌生。母子逛街很有趣，我們看得多，買得少，徹夜喝酒聊天最是開懷。

當時最有趣的一餐是在飯店內 Gaddi's 的 Chef's Table。半島酒店「吉地士」（Gaddi's）餐廳 Chef's Table，用餐正是在廚房內，那天由主廚帶著逛廚秀，是非常值得的餐飲體驗。我們穿過漂亮的餐廳，轉進廚房，兒子還笑我是不是沒有錢，所以躲進廚房吃飯。

「吉地士」是香港著名的老牌餐廳。1953 年開業，裝潢華麗優雅。聽說樂隊演奏懷舊金曲，氣氛浪漫。主廚餐桌的概念源自廚師在工作時，在廚房裡招待朋友家人的古老傳統。有位子的話，他們會坐在一角的小餐桌上；沒位子的話，就擠在出菜處上。

當天飯店為我們鋪上紅色餐巾，在主廚介紹備菜、清潔、洗玻璃杯跟洗銅器都是不同的地方，還看到了甜點烘焙區、巧克力製作區，以及各式各樣的烘烤廚具，大開眼界。等回到座位，熱騰騰的麵包也剛好出爐，香檳也是最適的冰度。原來，這一切都是在我們進來廚房參觀之後，就開始的作業；之後的每一道菜也都是經典到位，令人難忘。

## 1. 中年後的旅行，開心最重要

中年過後也不用每次都跟家人旅行。中年的旅行經驗對我來說，都不太美妙，尤其是家庭旅遊，通常自己都需要照顧一家老小，根本無心照顧自己的心情。所以**中年過後，千萬不要再把自己框住了，自己開心最重要，當然也要同行的人都開心。**

所以，**中年之後的旅遊一定要以自己為主，而且還要有說走就走的勇氣**。我是一個路癡，也不善於看地圖，因此一個人的壯遊，幾乎不可能，而我也不勉強自己一定突破，反而是努力找玩伴，也努力讓自己成為好的玩伴，大家開心出遊。

回憶年輕時的旅行，總是帶著一份急躁、很重視CP值，常常都在趕景點。以前總是很急，必須要每個景點都要去，這樣才表示花了機票錢旅行很值得；直到年過半百後、經歷斷腿意外，慢慢調整心境，後來愈來愈享受旅行中的種種。

首先要試著慢下來後，後來就會覺得很多美好。這種感覺從未失去過，只是你沒有好好感受，就連颱風天、下雨天，都好。我記得有一次，我跟好友丁丁、邱副、阿冰去日本東北坐火車之旅，5天的行程中，有3天在下雨。

有一天風雨大到行程改在飯店喝咖啡，後來，領隊臨時決定帶大家去穿和服、拿雨傘拍照，符合當地秋田地區美女的拍照方式。大家慌亂得穿了好幾件衣服，才知道原來以前穿過的浴衣跟和服有很大的差距。大家還在雨中拍照，儘管照片品質不佳，但是歡樂的心情一直記得，還有飯店喝咖啡，聊到天荒地老，至今也難忘。

還有之前我聽說克羅埃西亞的十六湖有多漂亮時，總想著，「我把體力練好一點再去。」但遭逢意外斷腿之後，或許是有感於人生的無常，出去旅行成為說走就走，決定要去十六湖玩，找了我的最佳保鑣妹妹同行，才讓媽媽安心讓我出門旅行。後來，我跟妹妹還有 Ann 兩人拿著手杖，一路扶持，妹妹拍了照片。我覺得兩人邊走邊聊的感覺極好，還承諾一定要畫成畫送她。書寫至此，也想到這個還沒有實現的諾言。

有一次我們一同去瑞士旅行。我們坐火車再加上步行來到瑞士馬特洪峰下的利菲爾湖 Riffelsee。這個湖在天氣晴朗時，可以反射馬特洪峰的山景，如鏡面般的倒映美景令人屏息。但當我們抵達時，因為風大，湖面波光粼粼，沒辦法照出理想的照片。如果是年輕時一定嘆氣掉頭，因為還要趕行程，但這一次，大家拿出拿出毯子、三明治、香蕉跟水果和紅酒，就地在湖邊野餐，自然等到最美好的鏡頭；最後，一行人都在友人伴合的掌鏡下，順利拍到人面湖景互相輝映的畫面。

這片刻的等待，也成了朋友間彼此最美好的回憶。大家日後見面時，總會提起當時一起在湖邊野餐、喝紅酒的回憶。

去葡萄牙旅行，一定要去聽聽ＦＡＤＯ（葡萄牙法朵，是一種音樂類型）。那是在大海時代，很多水手出海了，不一定能夠安全返家，於是很多男女，面對情愛，面對命運的無奈，邊唱邊舞動的靈魂。那一晚，我跟好友壁薰一起分享了那個美妙的歌聲。

## 2. 在中年的旅行中，有幾件事很重要

### a. 找適合的玩伴。

把朋友分類一下，我有喜歡一起分享新書、知識的朋友，適合逛書店、一起參加讀書會；有喜歡逛街買衣服的朋友，互相當彼此的造型師；也有些朋友適合長途旅行，有些朋友雖然是很棒的旅伴，但因為仍有家務，無法配合長途旅行。最好多找幾組不同的玩伴，這樣生活樂趣多。旅行一定要找適合長、短旅遊的不同旅伴。

## b. 先了解彼此的生活及睡眠習慣

在旅行之前，可以先由近程的小旅行來了解你的旅伴，例如對方睡覺是習慣關燈睡嗎？還是必須留燈？跟自己能不能配合？另外，對方會不會每天都需要花比較長的時間盥洗、上廁所？這一點自己能配合嗎？這些最好都事先了解，因為短程旅行也許忍一下就可以，但是長途旅行，必須能夠配合才能愉快。

## c. 讓自己也變成受歡迎的旅伴

當參加旅行時，「你要在團體中找到價值，人家才會多找你」。假設擅長拍照，就多幫朋友拍照；擅長找餐廳，也可以多多推薦；會看地圖的，就多多協助導航。這樣貢獻自己的才能，也會贏得大家的好感。像我以上都不擅長，但我卻是啦啦隊員，如果迷路找不到路，我就會說「現在正在進行市區觀光」；碰到旅行被放鴿子，我也會說，今年這個旅行，大家肯定會記一輩子。這樣可化解一下旅行中的尷尬，讓大家都有愉快的心情。

## d. 一本書、一支畫筆也是旅伴

除了有人的「旅伴」外，我在旅行中也有其他好的良伴，包括書、速寫本和筆。書可以撫慰旅途可能的孤寂，而近年學會速寫後，一本速寫本、一支筆，跟當地深入而緩慢的互動，也能在旅程帶來莫大的樂趣。

# 第17章

# 中年後的母子關係

我一直期待跟孩子的關係像朋友。孩子小的時候，我的教育方式偏嚴，也符合他們就讀私校的教育跟生活管理；此外，也會安排英文、理化補習、跆拳道、音樂以及營隊活動。他們也偶有怨言，但我總是能夠順利擺平。對孩子愈來愈放鬆是我常常警惕自己的功課，小時候嚴，可以讓生活規矩建立，但是之後要適度的鬆綁，這樣才容易打開對話的窗口。

孩子在高中時，有幾次沒有去上學，我跟他爸爸天天送他到學校，儘管學校離家近，但是要看到他進校門才放心離開。一直到他上大學，我們聊到這一段往事，他才告訴我，當時失戀，所以根本不想進學校看到「她」。

大兒子跟小兒子的個性差很多。弟弟喜歡嘰嘰喳喳，把學校發生的事一股腦地告訴我，但是哥哥是典型的句點王，說話總是簡單帶過。在今年中秋節時候，我的妹妹才告訴我，我幾次開刀，都看見哥哥在門口著急觀望，連一口水都不喝，一定要看到我被推出來才放心。妹妹說著不忍，我也紅了眼眶。

我們母子常常用LINE對話，一來是我的工作時間，有時候錄音、錄影，不方便接手機；另一方面，我也發現用手機傳訊息，兒子的回覆都特別幽默耍賴（見頁240）。我們用這樣的聊天，成為一種習慣，連帶後來也聊出好習慣。我開立個人的PODCAST，他也常常有參與節目跟聊天。

# 1. 中年以後，學對孩子放手

人生下半場發現孩子也大了，感覺孩子就像風箏，我手中的線要學著收放得宜，讓他飛。大學時候，他去紐約遊學2個月；後來，我們去找他，他還帶我們去看百老匯，也看了Blue Man Group（藍人樂團）的表演。至今，我還是很喜歡那一趟的旅行。孩子包辦了所有旅遊行程安排。有一回搭地鐵，發現方向錯了，我直覺往對向去，但是他阻止我，也告訴我「我們在紐約，不要用在台北搭捷運的邏輯」。我當時才發現，他真的大了，要放他出來看世界，只是心中那條線始終不能斷，輕輕動一動時，孩子就會回應。

兒子有一回交了女友，他回來就故意跟我說，「媽，來看看你的媳婦候選人。」我覺得這是一種信任感，要讓孩子可以信任妳，有問題也能解決。有一回他失戀了，我覺得他表現上沒事，但是總是不開心，後來我鼓起勇氣到他房間想要安慰他，我才開口「你失戀了，媽媽也很難過」，他忽然大哭「你騙人，你高興的不得了」，當時我一定演技不佳，被他看穿心思。

記得第一次跟兒子一塊喝酒，是在日本京都的酒吧。當天我們去苔寺，透過以前同事在京都讀書之便，要先申請，然後依照寺方給的參觀時間進場，一進去還必須先抄寫心經；我專心抄寫，他已經鬼畫符似的畫完，後來我們在寺內青苔上談天。那一晚還去酒吧喝酒，聽著兒子說話的語氣，就是個成熟男子，我再一次知道他長大了。

和天下所有母親一樣，儘管孩子長大了，但是對孩子的擔憂與糾結，一樣也沒少，那就把緊張焦慮放在心裡，開心的跟兒子鬥嘴過生活。

## 圖表 12：與大兒子的 line 對話

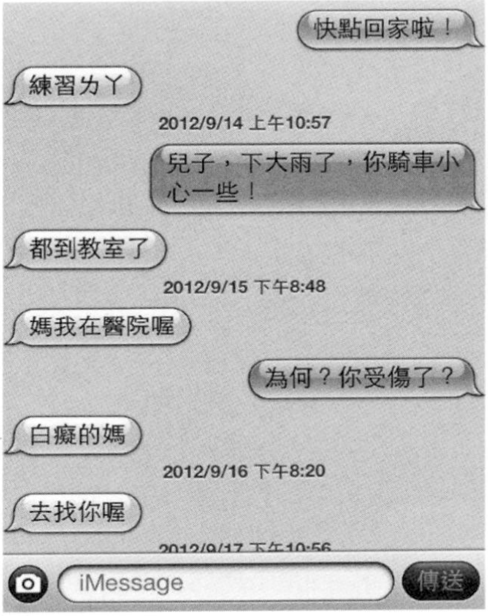


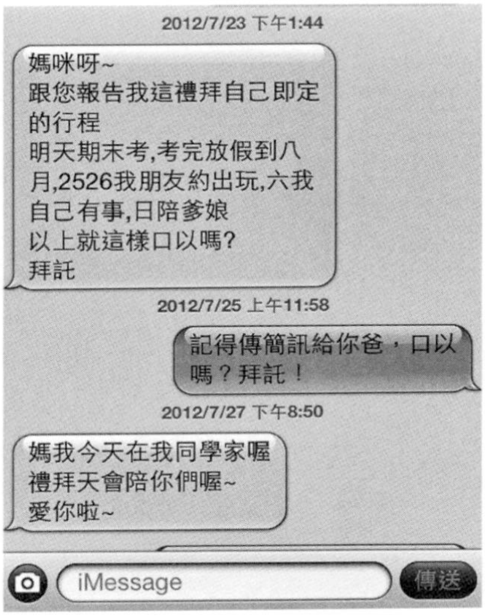

# 第18章

# 書寫遺囑

在 2018 年底今周刊訪問我關於夢想，當時我是這樣寫的：**夢想是很多願望累積出來的。**

我從菜鳥記者到現在財經節目主持人，看過太多金錢帶來的幸福與不幸，發現主要原因在於我們失去了對金錢的主控能力，造成很多遺憾。因此，2019 年我的夢想是號召一萬人一起寫遺囑！讓愛與錢都可以依照我們的心願流動。

一萬人一起寫遺囑的確難度高，包括場地、人力、律師見證，還有龐大的費用支出。我記得當時委託公關公司協助場地費，就接近千萬元，當時心裡想著是要賣房子還是賣兒子，後來我決定慢慢來做，終會完成，一次現場 2、300 人，也許再 3、50 場就可以達標。

回想 2019 年 10 月，跟蘇家宏律師一起帶領兩百人一起寫遺囑，我們期待一步一腳印，帶領一萬人寫下遺囑。2020 年因為受到疫情的衝擊，活動暫停，但是回想當時親筆寫下遺囑的過程，還是覺得既激動又開心。

要辦這樣的活動，除了身為記者一路的初衷動力之外，我自己也有切身之痛。公公突然過世，也出現家中諸多紛爭。當時還有長榮張榮發先生的遺囑遭推翻，也引起市場議論紛紛。但是我始終相信，**把身前的事情處理好，就是給孩子最好的禮物。**遺囑對於一般家庭來說，法律效力夠用了。

我在節目中，跟蘇家宏律師教大家寫遺囑，自己寫遺囑，不需要花錢，也可以常常修改；後來，很多聽眾朋友也希望現場教學。這時候，給了我的團隊很大的壓力，要在有限人力之下，接受報名、安排進場、場地、座位等等細節太多。所幸，我中廣的同仁們全部支持跟協助。

因為場地有限，我們必須要做好報名流程，更要留意公平性，所以報名之後，都會給序號。當時同事建議每位參加者必須先繳 500 元，以免報名之後沒有出席，但是我在推廣的目的下，決定不收費。但當天出席人數卻成為我的最大壓力。那幾天，我常常夜不成眠，因為報名沒有壓力，萬一天晴出門去喝下午茶，或是下雨不出門，都會影響我的出席率。

當時有幫忙的同事，也有同台主持人明裡暗裡說我辦「烏鴉課程」，叫人寫遺囑，後來知道我的報名秒殺，還補刀說因為不收費所以秒殺，我並不好辯，但是她不但曲解我的用心，也打擊工作人員信心。我一度去臉書反應，連我自己都發現我真的生氣了。結果所有的壓力都在當天出席率超過 99.6% 的人潮中得到了紓解。

當天的活動因為考慮大家要書寫遺囑。報名完之後，中廣同事會一一打電話跟報名聽眾確定出席序號；之後，再由蘇律師團隊一一打電話，說明書寫之前要思考以及準備的項目。最貼心的是，大家想到了書寫需要有板子，還連忙去採購板子，而令我驚喜的是蘇律師準備的玫瑰花。當天書寫完的民眾，會由律師見證內容，見證無誤之後，以贈玫瑰花為憑，也是計算完成寫遺囑人數的計算方式。如今想到諸多的細節，心中無限的感恩。

## 1. 寫遺囑是深層的內在自我對話

我跟蘇律師也在現場書寫遺囑，後來，我們交換朗讀，分享給民眾，也有很多民眾跟我們分享今天寫遺囑就像立太子一樣的開心。還有我的好友若男回饋我說，**寫遺囑是深層的內在自我對話**。這件事意義深遠，而妳在淚水笑談中，帶著大家做到了，真心佩服。

我們當天在歡樂氣氛中完成活動，完全跟我與費容當時想要的氛圍一樣。後來，我把玫瑰花帶回家，插上花瓶，大概一星期花謝了，但是玫瑰的芬芳久久未散。我想到寫完遺囑了，可以安心去跟上帝喝咖啡；跟花一樣，花開花謝，芬芳依舊。

後來，因為疫情，無法有大型群聚活動，我也常發文分享遺囑這件事。我常說追宮廷劇太久，想要做一回皇上或是皇太后？那就請你由寫遺囑開始！

有人問我，寫遺囑開心得起來？那就請你想像你追的宮廷劇中，皇上或是皇太后立廢太子的劇中情節，他們的嘴角可都是驕傲的上揚。這樣的心情，現代人只有在寫遺囑時候，能夠體驗一二。

其實我們每天都在超越死亡，而寫遺囑只是其中一件而已。

你有預約明天看牙醫？跟朋友約下周二喝下午茶？跟小孩約好暑假去澎湖玩？這些都是生活上的小事，但是認真思考，這每一個約會，都在超越死亡。就算是明天，達賴喇嘛也說過，「明天跟意外，不知道哪一個先來？」我們每天都很開心計畫下一次的約會，但是提到寫遺囑彷彿快樂不起來。

我想主要原因是寫遺囑，想是一件臨終才要做的事情。若有人提議在身體健康、生活平順時就提筆寫遺囑，大多會被視為觸霉頭或是不吉利的行為，甚至遭到誤解。正因為大家普遍缺乏寫遺囑的概念，父母過世後子女爭產、兄弟鬩牆的新聞事件層出不窮，身為父母，如果沒有在生前把相關的事情處理好，造成家人不睦，我想是身後最大的遺憾。

因為當記者多年，看到不僅是豪門巨富爭產波瀾，連10幾萬元的遺產都會造成兇殺新聞，所以寫遺囑是避免憾事的好方法。

寫遺囑不是只有金錢的分配。有些人覺得我又沒有很多財產，不必寫，但每個人總有一些牽掛，甚至心愛的東西，例如想要如何辦理人生的畢業典禮？想要兄弟姊妹如何謹守庭訓，又或者我有很多畫作、書，以後走了你想留給誰。這些都是金錢之外，有關於愛的流動，價值並不會低於金錢。

## 2. 寫遺囑是回顧自己的人生

很多人問我，寫遺囑會不會想哭？我的答案是：會！那是因為我寫遺囑時候，也回顧了自己的人生，發現自己一直以來都非常努力生活，一步步走到現今擁有一些成就，也累積了金錢、股票投資商品。

我不禁為自己驕傲。那時候，我感謝父母親的栽培，想起好幾位恩師，也想到工作上的一切榮耀，淚水充滿在微笑中，那時候寫遺囑只有喜悅與滿足。

我記得在遺囑中交代了我的畢業典禮，也把房子、現金、股票等財產分配之外，我也叮嚀兒子要將阿姨當作自己的母親一樣孝順；我還規定未來，兒子的家裡要掛上我的畫作在家中給子孫欣賞、其餘則是義賣捐贈公益團體。寫到這裡，我都覺得自己很好笑，目的是希望兒孫輩見識一下奶奶我也是才女一枚。

在整理完財富，開始寫遺囑時候，我很驚訝第一句話是說，希望兒子別為了我離去而傷心難過，因為我將與天堂中摯愛的親人相見；這句話就是自己心裡的聲音，很快變成筆下文字；最後殷殷叮囑兒子，我不知道什麼時候會去跟上帝喝咖啡，但是對孩子真的沒有其他要求，就是希望他快樂、健康、記得我。

寫遺囑可以常常更新。心情好就來立太子，心情不好就來廢太子。當然也可以跟著財富或是其他想法的變化有所更動。提醒大家，寫遺囑一定要自己寫，不可以電腦打字，要簽上自己的名字，並且寫上年月日，寫之前的工作就是先知道自己有多少財富，然後，你想給誰？不管是繼承人、親朋好友、公益團體都可以，最後最好要指名誰來執行遺囑。

## 圖表 13：夏韻芬的遺囑

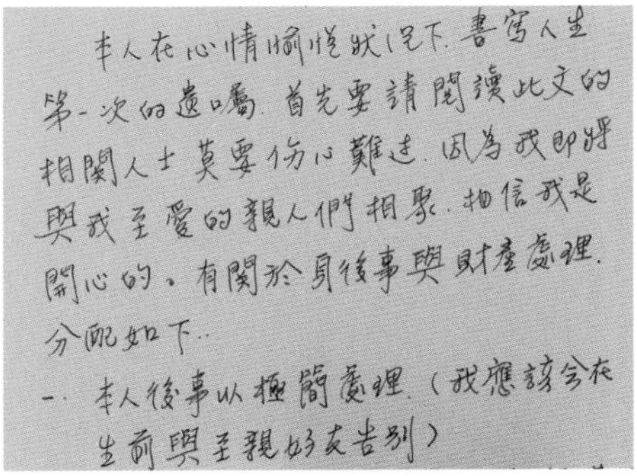

本人在心情愉悅狀況下.書寫人生第一次的遺囑.首先要請閱讀此文的相關人士莫要傷心難過.因為我即將與我至愛的親人們相聚.相信我是開心的。有關於身後事與財產處理.分配如下：

一.本人後事以極簡處理.（我應該會在生前與至親好友告別）

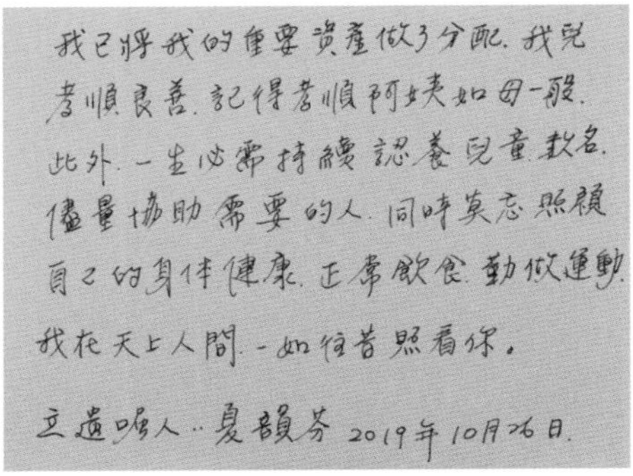

我已將我的重要資產做了分配.我兒孝順良善.記得孝順阿姨如母一般.此外.一生必需持續認養兒童數名.儘量協助需要的人.同時莫忘照顧自己的身体健康.正常飲食.勤做運動.我在天上人間.一如往昔照看你。

立遺囑人：夏韻芬 2019年10月26日.

讀後筆記：

# 第4部

# 書寫自己的人生故事

# 第19章

# 打不開的窗

**曾野綾子說，「人可以從眼淚中覺醒、明白一些事情。」**

**會寫這本中年過後的書，跟多年前接觸曾野綾子的書有關。剛開始閱讀她《中年以後》，後來，她出版《晚年的美學》、《優雅老年的人生收穫》、《老年的美好滋味》。她89歲，仍持續寫出她的銀髮生活智慧。她先生三浦朱門在2017年以91歲高齡在家安祥過世。生前由妻子綾子居家照顧到終老。她也曾買下隔壁住家，讓公婆過來居住，讓她既可以在家寫作，也可以在家照顧公婆；**

**也在住家的大院子蓋了個小套房，也讓母親在那終老。她是一個很值得我學習的前輩。**

**寫到自己的人生故事，回憶起中年在一個星期日三芝的海邊突然喪子巨悲，並不容易，需要很多的糾結掙扎跟很大的勇氣。我久久無法打開我當時書寫的心痛筆記，直到最近要出書，才面對它。**

**這本書跟我的中年故事有關。中年時候，經歷的那一段撕心裂肺，也在此公開，因為無力修改增添，一切以當時幾次的書寫，作為紀錄。**

那一刻來的時候，感覺是痛，痛徹心扉、痛不欲生、肝膽俱裂都無法形容，造物者奪走我的心頭肉，我的心肝寶貝。

哀痛一波又一波的向我襲擊，我無力反擊，我無法言語、無法思考，無法止住我傷心的淚水；媽媽也陪我哭，他的兒子，我的弟弟，在他20歲那一年車禍過世。她知道失去孩子的痛苦，她甚至比我更痛，因為她不忍心女兒承受這樣的苦難。

孩子離開，我的心神也離開了，無法進食，無法入睡。我不敢吃淑麗給我的安眠藥，我知道吃了安眠藥不會做夢；不做夢，我的心肝寶貝怎麼會入夢。我愈想入夢，愈是輾轉難眠，黑夜中的思念越是澎湃難熬。我無力對抗，吃了安眠藥。

第三天，孩子出現在我的夢中。原來，吃安眠藥也可以有夢，夢境有點亂，我幾乎不記得，但是最後孩子說「媽媽，我有心跳了，我有呼吸了」，我在夢中高興極了，夢醒了，我的哀痛沒有放過我。我曾在救護車上、在加護病房外面千百次的問醫生護士「他有呼吸、他有沒有心跳」，貼心的孩子都聽到了，特別來夢中告訴我：我有心跳、有呼吸了！

我每天祈求他的入夢，到現在，還在等。

小天使、上帝的安排或是老天給的功課，沒有一句話可以安慰我，因為我要當的只是一個平凡的媽媽。早上催著孩子起床，偶而敲敲他的頭，我要孩子，孩子也需要我！

送走孩子，我又出現一種天崩地裂的痛。跟前幾天又不一樣，孩子走了，我的痛，沒有停止，我面臨了很多第一次：

第一次沒有叫他起床、

第一次不用幫他準備早餐、

第一次沒有等到他下課的抱抱……

還有未來第一次沒有他的端午節、中秋節、父親節、母親節、過年的年夜飯、暑假、寒假……

這些第一次，就會像千萬支穿心箭，直接刺向我的腦袋、心臟。

我有活不下去的強烈感受！

我知道思念孩子會到我死的那一刻才會停止！

我開始想，我死了，誰會傷心到死？天ㄚ，我還有一個孩子，還有老公，還有媽媽、妹妹，還有很多人，我不敢想。

我能想的就是找一個方式活著，我不能對抗哀傷悲痛，但是我可以跟他共存。想哭的時候，讓我哭；想他的時候，讓我摸摸他的衣服，聞一聞他的味道；我也幫他準備早餐，因為這是我的習慣了。

**我不知道，大家認識我的心肝嗎？我在告別會上，代替他寫一封信給大家，讓大家多認識一下我的小白！**

「『叫什麼？』

我是宗翰，在這個家庭中有很多稱呼。若是叫李宗翰，喔，就表示我闖禍了！大多時是叫「翰寶」，因為我是媽媽爸爸的翰翰寶貝，請注意，不要寫成麥當勞那種令人發胖的「漢堡」。

我別名又叫心肝寶，這是媽媽給我的起床號。一聽到這呼喚，我會迅速跳下床，絕不要賴。

當然，打球完之後，就變成了臭寶，你就知道我身上所擁有凡人無法擋的氣味。

最新的封號是小白，拜哥哥之賜，因為他們嫉妒我的絕佳反應，竟說我是白目。你問我自己覺得應該叫什麼？帥哥！全世界最帥的人，站在你面前，難道你一點都沒有知覺嗎？

做什麼？

我在媽媽肚子裡四個月後，醫生說我隔壁有鄰居住進來，水瘤小姐是也。她佔用通道，甚至侵犯到我生存的環境，因此醫生建議媽媽將我遞解出境，因此我奮力地捍衛國土。六個月後抗戰勝利，我成了英雄，而這位水瘤小姐突然不見了，醫生很詫異，他大概沒聽過「搬家」這名詞！

在我三個月時，疝氣出現作怪，我娘卻以為我是天賦異稟，還暗自竊喜。結果當然是開刀，雖然有傷口疼痛不已，卻不能哭，以免影響傷口，所以她決定讓我出院，在家中懷抱了我一天一夜，舒服與勇敢使我一聲未吭，所以復原得很好，傷口也漂亮極了。

兩歲時長水痘，哥哥只發一顆，我卻是滿山遍野。你信嗎？連小鳥都不漏掉，所以那時我又叫「芝麻」翰寶。

上蒼給我很大的學習力、執行力與高標準。君未見我牙齒白得可以反光？因為牙醫交待每天早晚要刷牙三分鐘，我就貫徹始終。爸媽永遠不需要為我功課擔心，即便我臭臉回來的說考爛了，仍是九十分以上。

一年前我開始學鋼琴，你知道有時會覺得手指太多而卡在那裡，但七個月後，我就上台演奏，繼續這樣下去，周杰倫要開始擔心囉！

我的文筆好，在江湖上浪得渾號叫「屁王」，下筆如有神助。你瞧，我還幫媽媽出書寫過序。

是什麼？

我的興趣是什麼？我愛籃球、愛游泳、愛錢，但媽媽說「愛錢」不是興趣。

在爸媽眼中我是公義的化身。提到正義感，就屬我「打飯」報仇事件，在班級上凡屬惡棍的，我都賞他滿滿一湯匙的茄子；有邦交的就少少點綴一下。學校規定必須吃光，喜歡吃茄子的舉手！

我也是爸媽貼心寶。有次他們發生爭執，我跟他倆說：你們坐錯位置了。俗話說床頭吵床尾和，你們現在應該去坐在床尾！

我的老爹成熟穩重，喜怒不形於色，他訓練我走向多元與傑出。我娘親卻是不太管用，我總是先在公園找樹蔭地，連坐車都要先搶一個位置給她。

如今，我不單國小告一段落，人生的旅程也畢業了。我成了爸媽的貼心天使，守護他們婚姻與一生。我可是用心良苦，藉此要教育爸爸不時真情流露一下；訓練媽媽能夠勇敢能幹；更提醒哥哥在家中多麼重要。而我目前忙於在天堂卡位，找個絕佳位置，等待將來我們全家歡聚。

還有許多話來不及說，謝謝愛我的家人、長輩、老師，陪伴我同學、摯友，請珍惜生命的美好，我來過、熱愛過、擁抱過，如今無憾的走過。」

## 心痛日記1

記得翰寶跟我說過「媽媽，以後我給你生個小翰寶！」，我說「那小翰寶的兒子要叫什麼？」，他說「叫迷你寶」，我又問「迷你寶的兒子哩？要叫什麼？」，他說「叫奈米寶啦」。他怕我再囉唆接著說，「之後都叫科技寶，要看以後科技的發達，我再來決定！」

**每個媽媽都要看到自己的孩子長大，我也是這樣的期待。**

面對好友一封接著一封的簡訊，我直覺的回覆「我實在活不下去了」，這是我唯一擁有的感覺，唯一能說出的一句話，我也想安慰我的家人、朋友，但是我不能欺騙他們。

在生活中，悲痛跟傷心，總是忽然出現，忽遠忽近，帶著回憶、記憶，向我襲來——翰寶最喜歡吃的牛肉乾、散落在一旁的鉛筆盒，甚至他想我要賴的眼神，總是不經意地出現在我的腦海中。

就算我出去走走，經過的是翰寶喜歡吃的黑糖銼冰、跟翰寶一起看的電影院、有他一起吃的餐廳，空氣中就有他的氣味、他的笑聲，還有他生氣的模樣。哎呀，他就算要升上國中，還是我眼皮底下愛哭、愛生氣的小孩子，他一生氣就是繞著我轉，就是要得到我的安慰。我現在，多想有他圍繞著我，安慰我這個既思念又殘破不全的心。

家人、朋友、書，填補了我的生活。我常常聽著敏莉送我的聖歌；念著靈鳩山長樂師給我的佛經；小蘭給我的靈魂之旅是我最早看完的一本書。她讓我相信生命有終點，但是靈魂沒有死亡，只是出現在不同的空間。我常常也會問，「翰寶，你真的在我身邊嗎？」

看書並不容易，坦白說，這一陣子視力極差。書看著看著，早就視線模糊滴下淚來，但是夜深時候，家人陸續回家，最好陪伴我的就是書。

《奇想之年》，是在武給我的書，第一次翻開，我幾乎無法閱讀，因為作者結婚四十年的丈夫一夕過世，獨生女也在一週內過世。我不敢看，勉強翻翻，卻有看到一樣的傷痛。

過去一段時間，我感到悲痛向我襲擊。作者蒂蒂安也說「哀慟會一波波襲來，突然發作，頓時驚懼憂心，讓人膝蓋發軟、眼睛發黑、日常生活無以為繼……」天阿，全天下的哀慟都是這樣的發動攻勢嗎？

我幾乎是跳躍地翻完書，因為過多的傷痛，我幾乎不忍心去看。就像現在翰寶的房間，我緊閉著，不許任何人去變動，我也不敢去看蒂蒂安的悲痛！

過去的我，總以為世界掌握在我的手中，老師不是也說命運掌握在自己。因為我知道憑著理性跟不斷追求的知識，我應該無所不知、無所不能。我有面對死亡的經驗，爸爸忽然地倒下，弟弟青春歲月的殞逝，還有把我帶大外婆的過世……

我漸漸知道，生命是有終點的。

但是這一次，我無法理解死亡降臨在我親愛的孩子身上，輕易奪走孩子年輕的生命，也把死亡的利刃刺向我的胸膛。我的世界徹底崩潰。我能掌握命運嗎？我能掌握世界嗎？是我的知識不夠，還是我不夠理性？我哀嚎的請問上蒼：為什麼要給我這樣嚴酷的人生功課？

面對死亡，最可怕的不是無力反抗的哀慟，而是從此之後無法完整的人生跟無法接續的生活。我未來的生活就是會缺少翰寶，這是不完整的人生，而未來也無法接續原來的人生。在我未來的生命中，翰寶將永遠缺席，或者說消失了，未來一切都不一樣了。

很多人以為我只有悲傷、痛苦，的確我現在正是面臨這樣的情緒，但是這是外在的。內心中，我的恐懼、孤單、不完整，會讓我的心痛持續下去。

《奇想之年》，我還沒看完這本書，但是偷偷翻到最後。作者蒂蒂安說，如果我們要繼續活下去，就必須對逝者鬆開手，讓他們走、讓他們死去，讓他們成為桌上的照片、讓他們成為信託帳戶上的名字、讓他們隨水流逝……

但是，我真的會鬆開手嗎？那又是一個令我無法思考的大難題！

## 心痛日記2

翰寶曾經問我，「媽咪，你現在工作快樂嗎？」我說「快樂呀」，他又問，「為什麼？」我說，「我可以選擇要不要工作，這就是快樂呀！」

的確，以前當記者的工作要被迫去完成，我沒有選擇的權利，快不快樂很難界定；這幾年，不管是接電視通告、主持廣播或者接演講，我有一個可貴的自由，就是選擇要或是不要。這是我工作會快樂的最大因素。

最近，我發現我必須去工作，或者說忙碌一些，不然我將會崩潰。

決定要跟悲傷共存以及決定周一上班，都是一個念頭。有了決定，頭腦會出現悲傷之外的思考——要如何開始、我要如何克服悲傷、我要如何跟大家說話。我發現，這樣的思考之下，流淚的時間少些了。

翰寶離開我了，我無法接受；吃不下、睡不著，不能放鬆休息，也無法思考。我變得敏感、神經質，一度喪失信心，也喪失活下去的意願；醫生朋友建議我吃安眠藥，好朋友勸我去旅行；我吃了安眠藥，卻提不起勁去旅行，悲傷帶來的壓力像一個強大的鉗子緊緊夾著我，而且愈來愈緊、愈來愈緊！

我的旅行都是快樂的記憶，帶著孩子一起去。他們在日本穿和服，照相時候，內褲穿幫了；去知本時，翰寶坐在馬桶上邊吃糖果邊大便，我跟爸爸說，「趕快拍下這張照片，以後可以賣給他女朋友看他有多噁！」想著這些照片，我發狂了去翻照片，總算是翻到了，緊緊握在手中，我一點也沒有出遊的興趣！

每天，念經、看書、癱睡在床上，我不知道，我能做什麼，有哪一樣會激起我的興趣？我不看電視、不看報紙，他們給我的傷害太大、太深！我幾乎想不起來我還有工作。

想起了工作，還多虧了大兒子，大兒子說「媽媽，你有力氣嗎？我想吃你的蛋餅」，ㄚ，我還有個兒子，寶貝要吃蛋餅，我當然要去做，拿了鍋子、開了火，倒了油，我卻遲疑了，彷彿很久沒有動鍋子了。對我這個廚房老手來說，竟然陌生起來，煙愈來愈大，我忘記開抽風機，但是記得把蛋餅丟下去，還沒翻面，已經焦黑一團。貼心的大兒子歡呼「我今天剛好喜歡吃焦一點的」，我不好意思起來，跟他說「媽媽明天會煎一個漂亮的補償你」。隔天，我做到了。

工作，或者說忙碌是一種神經麻醉藥，我煎完蛋餅之後，晚上煮了稀飯、煎了蘿蔔糕，都是孩子愛吃的。我發現老大還真是瘦了不少。

於是弟弟機會教育，開始管起我來。那幾年來，我也發現，他的角色很像我的哥哥，當然，我的妹妹也很像我的姐姐，因為他們都在接納一個毫無能力對抗悲傷的我。我的弟弟說，「去做一點你喜歡的，有建設性的工作吧，他可以治療你的悲傷！」

由廣播開始吧。弟弟似乎早就有準備地開始遊說我，畢竟廣播在一個安靜的空間中，你可以有絕對的安全感，更何況，外面有很多默默支持你的聽眾，你也有義務告訴他們「我不好，但是我會好好走下去」。

阿娥也說，回來吧，想哭就來哭，我陪你。我知道，我要開始工作了，因為憂傷跟悲痛總是像個幽靈，在我無所事事的時候向我襲擊，當我工作，它就不能摧毀我的行動。

我不知道工作，或者忙碌是這世界上治療悲傷最物美價廉的藥方，但是，我要去試試看，否則更深的絕望一直在等著我！

## 心痛日記3

翰寶喜歡幫我拿東西，當然，這也是我長期住在「男生宿舍」的特權，他們不會讓女生拎重物，即使只是一個皮包！

有一天，翰寶揹著我的CHANEL，他俏皮的問我，「媽媽，它（指著皮包）比較貴，還是我？」我罵他，「傻瓜，當然是你貴，皮包刮壞了，我只會可惜，但是你刮一點皮，我會心疼，總是，你最貴、你最珍貴！」的確，他是我珍貴的孩子。

我到現在還是會想，國中時候的翰寶會如何迎戰他的課業？至少，在他前不久的日記上，他才寫到「媽媽給我兩條路，一條是努力讀書，但是會犧牲一些朋友；一條是當個『人氣王』，但是功課很爛，我決定先苦後樂，努力讀書，犧牲一點朋友……」，看到他的日記，會覺得他真是雄心萬丈、蓄勢待發。

我不是要孩子選擇功課而不要朋友的媽媽。我跟翰寶熱烈討論過，功課跟朋友有間接相關，沒有直接相關；至於朋友，好朋友，真的不用太多，一輩子有三個就很多囉！

我到現在還會想：翰寶高中的模樣呢？他跟哥哥不一樣，哥哥不喜歡我去陪考，他喜歡跟同學去，我也只好讓他跟朋友去，然後在遠處偷偷看他。

但是翰寶是粘我的，考基測時候，他肯定會要我陪。他會靠在我的肩膀，跟我撒嬌，他也會要我幫他準備便當。我家翰寶，不太信任外面的便當。

翰寶肯定是會唸大學的。他跟我討論過，要當企業家，必須唸商，但是想跟媽媽一樣會寫書、演講，要唸文科，但是他又認為好像理工科比較容易賺到錢，他也很好辯，爸爸跟阿姨都鼓勵他去唸法律。唸大學的翰寶，肯定是傷腦筋的一件大事。

只是，我永遠也沒有機會看見翰寶再穿上他的國中制服。每天送爸爸跟哥哥出門時候，翰寶總是落在最後，他總是一次又一次回頭跟我揮揮手道 BYE BYE，他一次又一次的 BYE，有幾次我都會說「好啦，快來不及上學了」，他才跟上爸爸腳步出門。

我永遠不會知道翰寶想念什麼科系，他以後會做什麼工作，他的女朋友會是長什麼模樣？

他總是會欺負哥哥，冷不妨跟我說「今天大嫂有打電話來喲！」，我正在質疑的時候，他又一臉委屈地說「哥哥的那一位，我一定要叫大嫂，禮貌嘛」。這下，哥哥已經開始要海扁他了，你就知道我家小白有多白目。

當然，我也沒有機會看到他當爸爸的模樣。

面對死亡，根本無法提前準備，也無法有任何心理的建設。翰寶溺水而亡，對我來說，傷痛跟淚水也幾度把我溺斃，我愈想掙脫、愈想平復，一如不諳水性的我，只會加速的沉溺，終究溺斃。

於是我知道，傷痛沒有辦法停止，安眠藥、鎮定劑也不能解決，哀慟是一種慢性病，沒有特效藥！

殘忍的是，很多電視跟報紙喜歡這樣意外或是生離死別的新聞。對旁人來說，就是一樁意外事件、一個悲劇，有的還會在文字之外搭配些歇斯底里、哀傷或是掩面的照片；對一般人來說，惋惜一聲、感嘆三聲，甚至留下淚來。幾分鐘後，就回到正常生活軌道；之後，這個傷痛，會像八卦一樣流竄，沒有遺憾也少了感傷！

對於當事人呢？這個破碎的生命如何接續？為何是自己不是別人？為何老天爺要給我這麼嚴酷的人生課業？這些問題，誰能回答呢？

大家都會知道，生老病死，不過就是人生必經的過程。當有一天生離死別來的時候，再堅強的心靈都會被擊潰！人，其實很脆弱！

## 心痛日記 4

淑華跟 Peter 送我一本書「來不及穿的 8 號鞋」，以及兩個扎實的擁抱，希望我度過這個難關。

邊看邊流淚，看完了書卻更想哭。想哭的原因是：這是一本小說！作者這位媽媽沒有經歷過這樣的傷痛，他只是逼真地想像事情最糟糕的時候做為一位媽媽會有的反應。殘酷的是，我經歷的是真實的痛，真實跟想像中，有一百倍的差距在其中。

書的封面是這樣開始的「我從來都不知道孩子是會離開世間的，不知道幫他收拾衣服跟鞋子是最後一次，我要翻遍他所有抽屜，我要聞遍他所有的衣服，這樣一來，他就會一直在我身邊」。

我也做這樣的蠢事。我希望當我睡醒的時候，翰寶突然跑出來跟我說「媽媽，你做了一個惡夢，我是要嚇你的」，他喜歡嚇我，我都會乖乖上當；他會說「媽媽我今天在學校被打」，我就會說「好可憐歐，打得痛不痛？」，他會說騙你的啦；也會說今天中午沒吃飯，因為飯沒煮熟，我又上當，他又開心起來，他都說「媽媽，你太容易被騙」。他哪知道，我喜歡這樣跟他這樣天南地北的瞎扯，我們像母子、像朋友，也像前世的情人！

我也希望，當我打開翰寶房間的時候，他會跟我「哇！」，他也是這樣嚇過我。我現在，只能希望夢裡來見見我，嚇我，或是騙我都好，都好！

一本小說會引起共鳴，當然是母愛的偉大。如果故事就是說孩子死了，那麼不會太痛，痛的是媽媽要如何堅強的活下去。當我看見骨灰甕上的「愛兒李宗翰」，那才是我悲苦的生命的開始！

小說不是真的，在別人看來，有遺憾，但不致悲苦，但是對於活生生的發生在我面前的事件，就顯得殘酷。一樣是愛孩子的媽媽，一樣是兩兄弟，一樣是弟弟離開了世界。

家裡真的就有一台「來不及彈的鋼琴」。他過世前一天周六下午，鋼琴送到家裡，連地點也是暫時放著，把沙發擠到一旁去。畢竟是我家翰寶開始要大展琴藝時候了，他要練習「卡農」。送來那天是周六，他要彈琴。我說，太晚了，明天再彈。他卻在明天離開世界、離開我！

我的一生中經歷了很多的生離死別。26歲時，爸爸忽然倒下。他是我生命的大樹，最好的依靠，他教我閱讀、寫作。當別人都在玩洋娃娃時，他送我的生日禮物是「鋼筆」。他認為先把字練好，再來寫文章；當我的同伴都在討論瓊瑤小說時，爸爸給我的是《古文觀止》，我最喜歡晚上跟爸爸一起吃晚飯，他喜歡飯前喝一杯小酒，然後開始「開講」。

講古論今，偶而還會學家鄉的說書，不管爸爸說什麼，我都是他的最佳聽眾。當我起了疑問，爸爸一定想辦法幫我解決。我以前都會開一台大發的小型車，美其名是載爸爸去上班，其實，每天爸爸都要幫我停好車，不然以我的技術，我是無法走出停車場的！

爸爸一生從來沒有生過大病，有一天在黨部工作時倒下，從此再也沒有站起來過。醫生說是肺腺癌，已經擴散到全身，不要積極治療。台北的醫院不收 hopless 的病患，我把爸爸送到林口長庚；每天，我下班之後，就邊流淚邊開車，一路到長庚，跟媽媽換班，也跟爸爸說話。

爸爸在中秋節之後過世，我每年的中秋都很痛，我跟爸爸感情最好。這十幾年下來，我藏了一件爸爸的衣服，也藏了對他的懷念，至今不忘。

外婆在隔一年之後也離開我們，她帶大我們四姐弟，跟我們每一個孩子的感情都很好。記得送走外婆的時候，我在火葬場外面嚎啕大哭，無法停止。

弟弟在我31歲時後離開我。前一晚，弟弟到我的住處幫我倒垃圾，他知道姐姐剛生完小孩，常常要帶小孩，也要找空檔下樓倒垃圾。弟弟當兵休假時就先來找我報到，他出事當天就是穿著我送他的衣服，我也是他出事之後夢到最多次的家人，一共四次。這也足以證明我們的感情深厚。

照理，再經歷一次死亡應該會逐漸寬減心理的悲傷跟恐懼，結果卻發現失去孩子的傷痛，無法比擬、無法類推，當我們愈愛孩子，愈發現不能失去他們。無法想像失去他們的痛苦，更自責不能保護他們一輩子！

有人安慰我「翰寶去投胎了，會到好人家去！」，我很想問翰寶、問全世界的人，「在全世界、全宇宙，有誰比我更愛翰寶？有誰！」

# 心痛日記5

有一次跟靈鷲山的常樂師聊天時候，知道陳義芝先生喪子的過程，後來燕莉給我一本陳義芝先生的「為了下一次的重逢」，才真實的感受到相同的悲痛。

原來是常樂師的敘述，在水陸法會上，一對夫妻駐足在孩子的常生牌位前，久久不曾離去。愛哭的常樂師也為他們掉下淚來。我為他們掉淚，也為自己的傷痛哭泣。今天在車上，淚噗噗看完文章，轉述跟親自的去接觸文字，更是深刻的悲痛！

同樣是強壯、聰明、貼心的好男孩，同樣遭受死神的覬覦，天Ｙ，世上有公理嗎？世上還有對一個母親的悲憐之心嗎？人家都說母子連心，我想跟翰寶說，「我心好痛Ｙ！」

我自以為對於數字是夠敏感的，買水果，是4的倍數，訂餐廳是4的倍數，出去旅行是「兩大兩小」，一家四口，不多不少。

現在，忽然之間，少掉了一個寶貝，買水果要三的倍數，買衣服不再一大一小，望著一碗飽滿的銼冰，發現我的心肝寶無法跟我一起「公家」，冰融得飛快，跟我的眼淚應該有直接關係。少掉的永遠就是少掉了，無法忘記，一直到永遠。

「請節哀」、「請保重」、「他去當小天使了」、「老天自有安排」、「走出來吧」。我知道大家都在安慰我。不過聽過這些話，我一樣的無助，一樣的愛哭，就像陳義芝先生說的「有一種痛是徹骨的，有一種傷是永難癒合的，人在難過的時候，任何言語都無法安慰」。

更痛的是難捨而必須捨，更是為人父母最艱辛難捱的苦痛。在加護病房外面，我懇求上帝、哭喊佛祖、菩薩，任何偉大萬能的神明，救救我的孩子，我是虔誠的，無比的信心與感動。我相信，神會給做媽媽一點的安慰，因為神說過，不能照顧天下的孩子，所以才創造了媽媽。不是這樣嗎？

一直到加護病房不再堅持探病時間，他們要我陪著孩子，多晚都可以。我知道，不會有神蹟了，我進入病床，端詳我的寶貝，他丫，帥呆了，眉毛濃密有型，臉蛋光潔，不然麵店老闆封他的「木村拓哉」，豈是浪得虛名！摸著他最像我的嘴巴，像爸爸的眼睛，我一一摸過。摸他的肩膀、胸膛、屁屁、大腿、小腿，還有一雙大腳，躺在病床上的身高，真是黃金比例。我大呼，「你不要離開媽媽，媽媽捨不得你！」

妹妹制止我，要我跟翰寶說，「不要痛苦了，跟著佛祖去，跟著光亮走！」妹妹大喊，「不要讓翰寶走得不心安，他會痛苦的！」我不忍心翰寶會痛苦，我也不忍心他真的離開我！我不想跟他道別，我不想讓他知道爸媽放棄他了，我的信心沒有動搖，我的信念撐不住下滑的血壓跟心跳！

我不捨、我不願，但是又必須放下他。我們會再碰面嗎？我還是這樣問著師父？期待下一次的重逢？怕我的傷痛跟我的智慧撐不到那時候ㄚ！

## 心痛日記6

愛有多深，悲傷就有多大。

很難去說每一分鐘的心痛，只有眼淚會告訴我，我在想，悲傷的背面，其實是愛。對一位母親來說，愛孩子是天經地義，就因為我對翰寶的愛太深了，所以，哀傷特別大，也不會輕易放過我。算來，今天是翰寶離開我的第28天！

今年的中秋節，對我而言是痛苦的，因為這是第一個沒有翰寶的中秋節。對我或是家人來說，格外的心痛。外面是辛克樂颱風，這是被氣象局稱「史上最牛的颱風」，行進速度很慢，颱風的速度比一個成年人走路的速度都還要慢。

我看著氣象預報，想著我的翰寶，外面是狂風暴雨，心裡面是淒風苦雨，想哭卻不能留下淚來，以免家人會擔心。

所有家族的人，以為不跟我談翰寶，我就不會想他；不想他就不會哭；我不哭，就會好。其實，不會好，一輩子都不會好，悲慟也許會減少一些些，但是傷口永遠都不會好。胸口撕裂的悲傷，不會消失，永遠都不會消失。

我想起翰寶喜歡吃的月餅，大家都怕甜，他卻可以一口氣吃一個，愈甜卻喜愛。他總是認為上天對他很好，怎麼吃都不會胖；他也很自豪說自己是一隻「很瘦但是很標準的豬」。他屬豬，同班同學都是跟他差不多身材的一群瘦豬！

我也想起跟翰寶一起烤肉的時光。在新店媽媽家的前院，每次架起烤肉架之後，我就可以在客廳開始進行「肥胖計畫」（這也是翰寶說的），因為我在客廳裡面就可以等到他烤好的肉、蝦子（一定是剝好殼的，翰寶每次都會幫我剝蝦殼！）、透抽。當然，每次到淡水，他一定記得媽媽最愛吃的烤透抽，這也是現在想到翰寶的心酸。聽到淡水我已經全身無力，那是一個可怕的地方！

今年，沒有烤肉、不想看到月餅。聽敏莉說馬兆駿跟孩子說，想哭的時候看天上的星星，眼淚就不會滴下來，今年沒有星星，也沒有月亮，仰頭、低頭，眼淚都會滴下來！

以前在路上，常常看到許多孩子跟媽媽說「媽媽，橘子太酸了，給你吃！」，或是拆了包裝紙之後，沒地方丟，就把垃圾往媽媽手中扔。我家翰寶看了這些景象都覺得奇怪！

翰寶說「酸的橘子，不好吃的，應該自己吃，好的才給媽媽吃呀」，我說「為什麼呀？」，他說「因為媽媽也是把好吃的給我們吃呀」。對ㄚ，天下的媽媽都是會說「這肉好好吃，這橘子好好吃，趕快給你吃」，哪會把不好吃的給孩子吃！

翰寶就是會記得媽媽的每一個動作，媽媽的每一句話，在日記上、周記上，甚至每天的生活態度上都會反映他對媽媽的好！這就是我的心肝寶！

翰寶喜歡跟我討論事情，觀察我的舉止行動。他跟哥哥是很不一樣的。有幾次，我摸著哥哥的頭問，「下輩子，還要不要當我的孩子呀？」哥哥總是點頭如搗蒜，直回答「當然要啦」。我開心極了，像得到大獎一樣，但是翰寶猛不及然的說「我不要」。我嚇了一大跳，簡直不敢相信我的耳朵。他接著說「我不要當你兒子，我要當你的老爸，換我來照顧你啦」。這是翰寶說的話。他永遠把照顧媽媽當成很重要的使命！

但是今年的中秋，我只能不斷的想著翰寶，今天是他第4個7，也就是離世第28天，我一樣為他念佛經，念累了，聽聽敏莉送我的聖歌。也許今天星期幾我已經沒有印象，今天是幾月幾號，我也沒有去記。但是每一個周日，卻是我的生理時鐘，痛的每一分鐘都會讓我記得翰寶離開我多久了。我知道心痛，還是會繼續，不要讓我忘了他，我要記錄每一刻的心痛。

## 心痛日記之7

我像一個死過的人，好不容易要爬出死亡的蔭谷，接觸一下外面的生活。我也開始相信，工作會是我療傷的開始。我帶著墨鏡，希望掩飾的是止不住的淚水跟傷痛的心。中廣的朋友跟工作伙伴溫暖了我的心，大家送的花也讓我覺得貼心。不過記者的粗暴行為，打亂了我的腳步、增添了我的傷心。

一台銀色的裕隆日產車子車號6033或是6333，很抱歉，最近的視力不好，我實在看不清楚，他緊盯著我不放，端出超大的相機，讓我們都很不安。

我很想問「一位傷心的媽媽，有甚麼好拍的！」。我很想無理的問他「你家有死過人嗎？」、「你的心情如何呢？」。最近要報導我的人，肯定不知道這樣的傷痛。

哪也好。沒有親人驟逝的感受，是天底下最幸福的人，你永遠不知道我的痛，也沒資格陳述我的哀傷跟生活。

靈鷲山的常樂師對我說「我只能類推你的痛，無法了解你的苦」，我感謝大家類推我的苦，但是不要把我推入痛苦的深淵，我會不敢出門、不敢工作、不敢見朋友，無法掙脫我的憂傷。

我常想，甚麼工作是終生職，而且樂此不疲，永不懈怠，那就是——母親！

每一個父母，多少都有一些經驗。孩子跌倒了，要給他「惜惜」；不小心傷風感冒要到診所看病，也是百般心疼，更別說到醫院急診，簡直會嚇死人。

翰寶小時候疝氣開刀，醫生要打點滴，因為他的血管太細，於是只能打頭皮針，點滴的針隨即插下去，我立刻昏厥過去，淑麗（翰寶的舅媽）大聲罵我，「有這麼遜的媽媽嗎？」

有，我就是這種媽。捨不得孩子受一點傷，心疼孩子的皮肉之苦。如今，我的孩子離開我了，我面臨的是昏厥、滅絕的傷痛，除非你有這種痛的經驗，否則你一點也都不會了解。

放過一位傷心的媽媽吧！

# 第20章

# 書寫自己的生命故事

人到中年之後，都想要找一個事情做，這件事最好要花點時間跟功夫的。如果一下子就做完了，那要再花時間找下一個事做，所以做一個花時間的事，有成就感，又有意義。

目前看到大家做的幾件事，我覺得可以提供大家參考。一是幾年前推出的斷捨離，也就是開始出手整理家裡不需要的東西。這個工程浩大，我到目前還沒有決心去做。

當然，斷捨離可以由女姓的衣櫥開始。有很多人說，女人的衣櫥都放了太多過去的願望，最多就是期待自己瘦的時候穿的衣服，要不然就是因為買的貴，雖然，自己穿起來不好看，但是捨不得丟。

這幾年，有很多新的行業出現，包括整理師。他們不是幫你整理衣服或是清潔打包。他們會了解你為什麼不丟的原因，跟你討論完之後，跟你一起跟這些衣物整理跟道別。我訪問過整理師，是一個很有趣的工作。

斷捨離除了衣服之外，當然可以延伸到家具、廚具等等。我的朋友說，衣櫥過於龐大，而且每一件衣服都有故事：有的是第一次當媒婆穿的，有的是第一次娶媳婦穿的，有的是孫女滿月買的；還有年輕時候，參加兒子畢業典禮穿的。一切一切太多回憶，進了衣櫥就出不去。後來，她由廚房開始整理，因為中年過後，手腕使不上力，她把重的鍋具全部送人，自己留了一個炒菜的，一個煮湯的，碗盤也都少了很多。現在她的廚房感覺明亮又漂亮，年輕時候捨不能用的骨瓷咖啡杯都開始用了；下一步是書房，因為有些書可以捐給偏鄉圖書館，這點比較容易做到。

除了斷捨離工作，我的朋友開始整理照片。他是前華航總經理周國興。在他退休之後，他花了很長的一段時間整理照片。早年的照片都洗出來，經過時間洗禮，如果沒有好好的照顧，變黃，甚至黏在一起，都很難處理。他先小心做了整理，買掃描機，將照片掃進電腦裡面，花了很多時間，整理孩子各個階段的照片，加上時間跟當時記憶的註解。我剛聽的時候，覺得好驚訝。他說，不麻煩，而且覺得很快樂。我記得，半年之後碰到他，他告訴我，還沒有整理完成，因為每張照片都有記憶，要想很久，也帶來無比的快樂。這點，我也想做，但並非現在。

我喜歡寫作，所以也跟大家來分享如何寫自己的生命故事。這幾年，有很多人喜歡寫自己的傳記；市面上，還有很多人代筆寫。我的好友中，也有人代筆寫，但是發現有很多好玩的事，一是上下兩代對於自傳看法不一樣，因此文章內容要求不一樣。

後來，在回憶自傳中，上下兩代溝通不良，不歡而散，也有很成功的代筆自傳，但是會因為內容要不要曝光，跟代筆者也會有意見不合的時候，很多人希望留下自傳，算是對自己一生的回顧，更希望給子孫輩回憶。

對於一般大眾來說，很多人會認為，我又不是名人，不用寫自傳或是回憶錄，但是我認為，這是一件有意義而且需要花點時間去做的事。回顧自己一生，有很多美妙感動的事情發生，就算不出版，透過寫作，照見自身，啟動人生的反思跟展望，這是最大的喜悅，可以自己獨享，也可以分享子孫。

文筆的寫作能力當然有加分效果，但是若不一定要出版，透過自己真實紀錄就是好文章，我也在此方想幾個寫作的方向跟技巧。

在書寫自己的生命故事中，可以先做一個簡表。這個簡表，需要把自己由出生到一個關鍵點，可以由時間點來記錄，簡表的時間序之後，加上當時你記得的社會情況或是經驗，以下簡表示我進入政大ＥＭＢＡ就讀時候，學校規定的功課之一。我當時有設計了一下表格，讓老師可以很快地知道我的生命故事，包括家庭的情況，還有台灣解嚴之後的生活。

在簡表中的生活描述，每一階段都可以再加以延伸，而如果要寫作，先有大綱，這就是簡表的概念。後來，政大教授吳靜吉老師還說，我的簡表非常有意思，讓他印象深刻，我找出當時的表格，列於後：

## 1. 我的生命故事簡表

| | | | |
|---|---|---|---|
| 01 | Xx | 我出生的二天之後，甘迺迪遇刺 | 甘迺迪總統是戰後嬰兒潮的第一代，42 歲當選總統，是美國史上最年輕的總統。後來我發現甘迺迪勝出的因素是因為嬰兒潮，多出很多年輕選票，而這一次選舉透過電視轉播，他的口才好凸顯電視文化以及新世代的改變。也許我出生的時候，就知道電視的效果很驚人。 |
| 02 | 53 年 | 美商通用電子公司來台灣設廠 | 因為美商電子公司來台灣，成為台灣發展科技產業的踏腳石，對我們家來說，也把媽媽貢獻給台灣的經濟奇蹟。龐大的女工把台灣順利由工業轉向科技業。只是媽媽為了不影響家庭生活，她上大夜班，對她的身體影響很大，也讓我有媽媽不在家的恐懼感。 |
| 03 | 59 年 | 政府推動家庭即工廠 | 包括我的同學、鄰居在內，大家都在做塑膠花、耶誕燈泡，到現在我都不太喜歡這兩樣東西，彷彿他們已經烙印上「貧窮」二字。當時，大家都拼命做、努力做卻不會認命做，因為大家都希望趕快脫離貧窮。 |
| 04 | 64 年 | 蔣中正過世 | 我跪在校門口等待，因為我讀的是夫人宋美齡女士創辦的學校。我的哀傷來自於父親跟學校教育，但是我真實的感覺卻是等太久、太累以及無奈的哀傷。後來，蔣經國的過世，我的哀傷有比較真實，雖然也有來自學校教育，但是更大部分是我的感恩。他是我生命的貴人，如果沒有宣布解嚴，報禁不會解除，我不可能成為一名記者。 |

| | | | |
|---|---|---|---|
| 05 | 68 年 | 中美斷交 | 爸爸幫我買一對金鐲子，準備給我當結婚禮物。當時世界通貨膨脹的情況迅速惡化，黃金價格不斷以百元為單位創新高，從每盎司 400 美元、500 美元、600 美元、700 美元，到達不敢想像的價格。爸爸買的黃金，除了對女兒的疼愛，也有對於黃金直線攀升的壓迫感，終於花了他所有的積蓄，買進黃金。而黃金最終在 69 年 1 月，前蘇聯入侵阿富汗事件發生後，黃金價格創下了當時的歷史高價，來到每盎司 850 美元，民國 71 年，黃金價格由雲端落到每盎司 300 美元，算一算我的黃金夢套牢三十年之後才解套。 |
| 06 | 76 年 | 政府宣布解嚴 | 我第一次出國，單槍匹馬，替爸爸返回家鄉探親。父親公職在身，終究未能返鄉祭祖。身為長女，義無反顧，返鄉、祭祖、探視我同父異母的大哥，可憐我父親一直到病危都無緣見到他一生懸念的母親以及妻小。 |
| 07 | 77 年 | 報禁開放 | 中時晚報籌備，我在千人會考中脫穎而出。78 年晚報成立，我領到員工編號 78135，成為報社前 50 強的感覺。後來也都因為使命感，常常立志要跑獨家新聞，臨盆前也要跑一個獨家新聞才能安心待產。 |
| 08 | 79 年 | 股市熱翻天 | 股市上衝到 12682 點，我應該開香檳慶祝，不過父親忽然罹癌，我穿梭在醫院跟工作中，在中秋過後，月圓，人卻永遠難圓。 |

| | | | |
|---|---|---|---|
| 09 | 81 年 | 股市由 12682 下跌到 3098 | 還好我結婚的時機好，禮金收入頗豐，不過房子買到高點。 |
| 10 | 84 年 | 實施健保 | 決定增產報國，再添 1 男 |
| | | 中共試射飛彈 | 房價大跌，喜的是有機會低價購屋，悲的是自己只有一間房子，賺賠都不干我事，於是認定買屋致富一定要有兩間，才有資格論賺賠。 |
| 11 | 89 年 | 三報合併、網路泡沫 | 離開江河日下的報社，投入網路世界老闆給我 100 張股票，後來我股票變壁紙，才發現當時領的薪水其實是「自己發給自己」，因為花錢認股 100 萬元，而那一年我領公司薪水恰好也是 100 萬元。老闆果然比員工精明！ |
| 12 | 90 年 | 5/31 日壹週刊登台，跟同年 911 的震撼不相上下 | 我加入時報的抗戰計畫，終不敵緋聞八卦新聞。我請調回中時晚報，打破報社不歡迎回鍋的前例，顯然人有功能、有才能就不會被拒於門外。 |
| 13 | 91 年 | SARS 發生 | 鼓勵大家「移民」台北市，因為中共試射飛彈的時候，我缺乏「銀彈」，因此未能立足北市，於是我戴著口罩出門看屋，總算以低價由縣民轉為市民。 |
| 14 | 92 年 | 蘋果日報攻台 | 中時晚報熄燈，我轉戰電視、廣播、寫書。我知道新的挑戰持續出現，唯有打造自己的品牌，才會無懼的迎戰。 |
| 15 | 98 年 | 歐巴馬當選美國總統 | 呼應我出生那一年，甘迺迪遇刺，歐巴馬也是透過電視直播，以他動人的主張、重視家庭價值以及極佳的賣相，贏得大選。歐巴馬可以成為立志為演講者的學習典範！ |
| 16 | 99 年 | | 世界上最大的自由貿易區，中國加東協正式建立，總人口 19 億人，世界正在快速變化。我加入政大 emba 希望自己有所蛻變與突破。 |

## 2. 生命故事可以分四個階段寫

除了簡表之外，一般人在寫生命故事，可以分為四個階段：幼年家庭生活、求學工作、家庭婚姻、退休傳承四大部分。

在寫作之前，必須要花一點去聊天。這時候，就符合我文章中提到維持社交生活，降低失智可能。畢竟幼年生活中，我們的記憶點可能會有落差，於是可以找長輩多聊天，如果父母親健在最好，多跟他們聊天，或是找伯父母、叔叔、舅舅，甚至堂、表兄弟姊妹。一開始先天南地北的聊天；如果怕忘記了，現在手機都有簡單的錄音方式，先錄音，回來記大綱也是好方式。在尋找幼年時期的記憶，會比較花時間。除了聊天，最好也可以上圖書館找資料，或是問google大神，查閱當時的社會狀況。例如，我只知道小時候回家必須要幫媽媽做假花，那也是到我工作時候，知道台灣經濟發展，有家庭即工廠的政策，對照我的年紀時間表，就可推論出來。

至於，求學以及工作婚姻階段，大家的記憶點都會相對比較清楚。這時候，可以安靜地在家中書寫，有人也喜歡到不同的咖啡廳寫文章，因為在咖啡廳寫，好像自己變文青了，文筆變好了。其實，我覺得，我手寫我心，如果能夠把自己心中想要表達的用文字寫出來，就是好文章。

寫人生故事，並沒有固定化的方式，用人生各個階段來寫是最常見的，也有人用事件來寫。

像我的朋友，她最近想要寫結婚跟離婚，就這兩大部分。她問我，這樣可以成為人生故事？我的回答是當然可以。這兩大部分已經占據她的生命絕大部分。她和她先生是我們班上，很早結婚的一對愛侶，婚後幸福生活，兩人沒有生小孩，但是有共同興趣。有一天，才發現先生外遇，儘管兩人試圖重修舊好，但終究決定分手。他們戀愛多年才走入婚姻，奔六的年齡中，才要離婚，對她的傷痛自然巨大；後來，她說忽然很想把這些過程寫下來，我也很鼓勵她。我還說，這就是你的生命故事，她也答應我寫完之後，我將是她第一個讀者。

很多諮商師都認為，透過書寫，可以讓自己的心情有宣洩的管道，是一個很好的自我療癒。我記得，我在書寫我的心痛日記時，就是只想要記下我現在有多痛。每次寫完，電腦鍵盤都是淚水，一直到我寫不下去，我也就沒有寫；後來，有媒體好友採訪我，我一度還問諮商師，我該接受採訪嗎？她說也許妳可以幫很多人。後來，我發現這也是她鼓勵我寫出來、說出來的關鍵。

後記

# 兩個孩子小時候的文章：創造自己中

大寶
翰寶

我的人生因為兩個孩子而圓滿，本書把他們對外發表的文章附於後記：

**各位長官、各位貴賓、各位家長，還有跟我一起參加成年禮的「大人」們，大家好！**

**首先，我要代表大家感謝主辦單位為我們精心策畫的成年禮，除了讓我們留下深刻難忘的經驗，更讓我們感受到成長的責任與使命。**

**接下來，我要感謝在座所有的家長與長輩，沒有您們的悉心教養，就不會有我們站在這裡接受成長的喜悅！我們成長至今，都是父母親用血汗堆疊出來的，您們的辛勞，我們將永遠記在心中，也期待早一日報答你們的教養大恩。**

我叫李宗祐，生長在一個大家庭之中，從小有疼愛我的爺爺、奶奶，爸爸、媽媽，還有叔叔、嬸嬸、姑姑、姑丈，還有一大堆的堂兄弟姐妹，加上外婆、舅舅跟阿姨。我可以說是「三千寵愛在一身」，享盡全世界給我的愛與溫暖。

我是一個好奇寶寶，喜歡嘗試新鮮事。目前就讀景文高中，除了讀書之外，我也喜歡參加社團活動，我參加的景文啦啦隊，去年還得過全國第二名。今年在學校的鼓勵之下，我參加「聽障奧運會」開幕典禮中「優人神鼓」的表演。我們在烈日下、細雨中，苦練四個月，幾度想要放棄！但是想到身旁還有聽障生跟我們一起搭檔。如果我放棄了，一定沒有人可以協助他們，於是我們咬緊牙關，總算順利演出，還得到全場的掌聲！這是我第一次覺得助人的喜悅，而爸媽也為我的演出感到驕傲！

面對即將來臨的成年禮，我一度覺得不可思議，印象中，我還是那無憂無慮、喜歡過兒童節的孩子；轉眼間，我即將成年，也將要成為一個獨立的個體，我不但要為自己負責，也要為我的家族盡一份心力。

相信大家今天的成年禮過後，都成為「大人」了；成年之後，我們都是獨立的個體，不再依附在爸媽以及家族溫暖的羽翼中，我們要創造自己的未來，我希望謹記爸媽給我的成年禮物的一句話，「人要有活下去的能力、賺錢的能力及給人溫暖的能力！」我要一步一步地實現它！

最後，我代表今天所有參加成年禮的「大人」們，再度感謝大家給我們的照顧與支持。我們將會延續家庭、學校的教育，將自己的能力發光，點燃生命的熱情、照耀社會上每個角落！

謝謝大家！祝福大家身體健康、事業順利、家庭幸福！

## 圖表 14：瀚寶為媽媽寫的序文

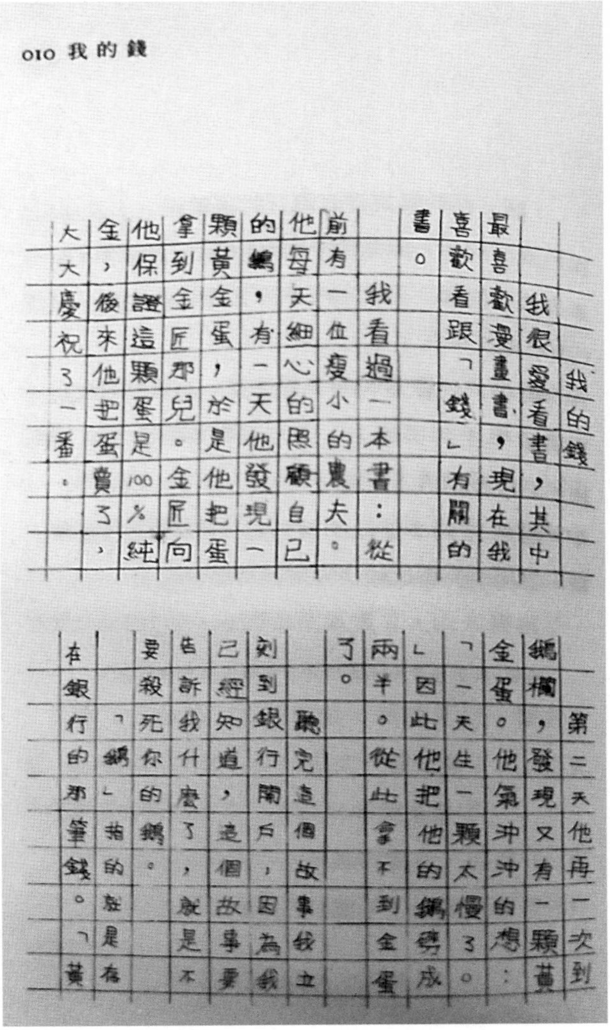

010 我的錢

我的錢

我很愛看書，其中最喜歡漫畫書，現在我喜歡看跟「錢」有關的書。

我看過一本書：從前有一位瘦小的農夫。他每天細心的照顧自己的鵝，有一天他發現一顆黃金蛋，於是他把蛋拿到金匠那兒。金匠向他保證這顆蛋是100％純金，後來他把蛋賣了，大大慶祝了一番。

第二天他再一次到鵝欄，發現又有一顆黃金蛋。他氣沖沖的想：「一天生一顆太慢了。」因此他把他的鵝剪成兩半。從此拿不到金蛋了。

聽完這個故事我立刻到銀行開戶，因為我已經知道，這個故事要告訴我什麼了，就是不要殺死你的鵝。

「鵝」指的就是存在銀行的那筆錢。「黃

有錢是教出來的 011

金蛋」指的就是利息。假如你今天有一百元，就必需把50%拿去餵你的鵝，再把40%拿來完成你的夢想，另外的10%就任你花了！

現在，我要完成的夢想是買一台筆記型電腦做交換留學生到美國去，所以我努力的存下自己的錢，到現在還真不少呢～

雖然有10%當我的零用錢，但我還把他存下來，這樣或許會比較快完成我的夢想囉！

國家圖書館出版品預行編目（CIP）資料

找個理由來退休：夏韻芬富樂中年學／夏韻芬著 . -- 第一版 . -- 臺北市：天下雜誌股份有限公司，2020.12
304 面；17×23 公分 . --（商業思潮；111）
ISBN 978-986-398-632-4（平裝）

1. 退休　2. 理財　3. 生活指導

544.83　109019562

商業思潮 111

# 找個理由來退休：夏韻芬富樂中年學

作　　者／夏韻芬
封面設計／盧卡斯
封面及內頁攝影／王建棟
責任編輯／莊素玉
特約行政助理／陳國威
內頁編排／中原造像股份有限公司

---

發 行 人／殷允芃
顧問總編輯／莊舒淇 Sheree Chuang
出 版 者／天下雜誌股份有限公司
地　　址／台北市 104 南京東路二段 139 號 11 樓
讀者服務／（02）2662-0332　　傳真／（02）2662-6048
天下雜誌 GROUP 網址／http://www.cw.com.tw
劃撥帳號／01895001 天下雜誌股份有限公司
法律顧問／台英國際商務法律事務所・羅明通律師
印刷製版／中原造像股份有限公司
總 經 銷／大和圖書有限公司　　電話／（02）8990-2588
出版日期／2020 年 12 月第一版第一次印行
定　　價／430 元

本書觀點為作者個人經驗，不代表本公司立場，請審慎評估投資風險。



書號：BCLB0111P
ISBN：978-986-398-632-4（平裝）